试着说是

YEAR OF
YES

[美] 珊达·莱梅斯（Shonda Rhimes） 著

刘勇军 译

湖南文艺出版社
HUNAN LITERATURE AND ART PUBLISHING HOUSE

博集天卷
CS-BOOKY

图书在版编目（CIP）数据

试着说是 /（美）珊达·莱梅斯（Shonda Rhimes）著；刘勇军译 . — 长沙：湖南文艺出版社，2018.1
书名原文：Year of Yes
ISBN 978-7-5404-8249-7

Ⅰ . ①试… Ⅱ . ①珊… ②刘… Ⅲ . ①成功心理—通俗读物 Ⅳ . ① B848.4-49

中国版本图书馆 CIP 数据核字（2017）第 182847 号

著作权合同登记号：图字 18-2017-127

Year of Yes
Shonda Rhimes
Copyright © 2015 by Ships At A Distance, Inc.
ALL RIGHTS RESERVED.

上架建议：心理励志

SHIZHE SHUO SHI
试着说是

著　　者：〔美〕珊达·莱梅斯
译　　者：刘勇军
出 版 人：曾赛丰
责任编辑：薛　健　刘诗哲
监　　制：蔡明菲　邢越超
特约策划：李　荡
特约编辑：李乐娟
版权支持：辛　艳
营销支持：李　群　张锦涵　姚长杰
版式设计：李　洁
封面设计：主语设计
腰封图片：马蒂厄·扬（Mathieu Young）
出版发行：湖南文艺出版社
　　　　　（长沙市雨花区东二环一段 508 号　邮编：410014）
网　　址：www.hnwy.net
印　　刷：北京天宇万达印刷有限公司
经　　销：新华书店
开　　本：787mm×1092mm　1/16
字　　数：241 千字
印　　张：18
版　　次：2018 年 1 月第 1 版
印　　次：2018 年 1 月第 1 次印刷
书　　号：ISBN 978-7-5404-8249-7
定　　价：42.00 元

质量监督电话：010-59096394
团购电话：010-59320018

本书所获赞誉

珊达·莱梅斯是个天生的讲故事高手。在她手里，最微小的顿悟也犹如震撼人心的启示。

——《纽约时报书评》

给人启发，读来令人愉悦。

——《纽约每日新闻》

莱梅斯分享的经历具有真正的价值……比如说，她在书中谈到如何学习更好地对待自己，这本回忆录真诚、淳朴，具有启迪作用。

——《华盛顿邮报》

《试着说是》读来生动有趣，恰如她创作的电视剧。作为作者，她的作品新鲜，具有强大的感染力。

——《洛杉矶时报》

莱梅斯并没有为她创作的电视剧角色编写富于激情的故事，她从她的角色身上学到了勇往直前的态度,要带着全新的使命感去面对人生……

谁能知道，"我可以"这几个简单的字竟然可以产生改变人生的影响力？通过大声说"我可以"，她学会了走出困境，站在阳光下。医生克里斯蒂娜·杨一定会为她骄傲的。

——美联社

莱梅斯减掉了一百多磅，在"妈妈战争"中幸存下来，她做演讲，甚至还首次参演了电视剧，她在这些事情上的幽默和桀骜引起了共鸣。旁边摆着这本书，就好像你自己的克里斯蒂娜·杨（莱梅斯最喜欢的电视剧角色，她视之为好友）在随时等待你的召唤。

——《芝加哥论坛报》

健谈，快节奏，聪明，风趣，率真，渊博，使人联想到诺拉·依弗朗和洛克珊·盖伊那充满智慧的幽默和敏锐的观察力。莱梅斯说"我可以"的一年确实改变了她的人生，虽然她的书中没有说明，但这么做，或许也可以改变你的生活。

——《洛杉矶每日新闻》

莱梅斯是一个极为出色的回忆录作家，这一点在意料之中：她在书中侃侃而谈，她的作品妙趣横生，感情奔放，一个整天都在编写电视剧对白的人自然拥有这样的功底。这本书中妙语连珠……偶然会出现第二人称的插入语……从很多方面来看，这本书都可以作为一本励志书籍……莱梅斯在书中提出的建议不仅仅关于她的读者，而是有关所有人……这本书表面上看是一本读来令人愉快的回忆录，实则却反映了好莱坞和整个世界正在发生的变化。与珊达领地一样，这本书是在表达一种态度。

这本书坚持一点：从前默默无闻的人是时候向前跨出一步，成为众人的焦点了。

——theatlantic.com（大西洋月刊网）

读这本书非常重要。所有女性都该看看这本书。如果你还没看，那就赶快去看。如果你看过了，就借给别人看。现在我要走出人生中的阴霾了。

——huffingtonpost.com（赫芬顿邮报）

一个个故事虽小，却不同寻常，富于吸引力，并且给人启发……很简单，这本书讲述了她学习如何善待自己，你也可以做到。下面，欢迎你的新人生教练，珊达·莱梅斯。

——Vulture（杂志）

莱梅斯给读者讲述了她为期一年的改变经历，在每一章都会讲到一个对她而言的新挑战，她让我们走进她的脑海深处，精心地把她的恐惧和自我怀疑铺展开来……坦率，友善，就像是两个你在把酒畅谈。

——slate.com

让电视剧《丑闻》的编剧珊达·莱梅斯带着她的新书，做你的精神导师吧。

——《嘉人》

这本书风格随意，实际上是一本励志书籍，用引人入胜的个人随笔，介绍了如何过上更好生活的经验，作者身为女性，在一年的时间里让自己的生活变得更好……莱梅斯的经历看上去是那么熟悉……看莱梅斯的书，你永远都不会感觉她是在说教。这个名利双收的女性是在直接与你对话，让你感觉无拘无束，字里行间充斥着幽默和经过考验的智慧……《试着说是》这本书发人深省。了解你做过的事具有什么样的力量。继续放手去做吧。

——thedailybeast.com（每日野兽）

这本书诙谐幽默，引人入胜，带给人启迪……这是一本很有力量的书，是送给朋友或自己的上佳礼物，不管你喜不喜欢珊达领地制作的电视剧，都是如此。

——nytimes.com（《纽约时报》网站）亲子博客

当你看到她掌握了自己的人生，重塑生活，学会了爱她自己，你会情不自禁地站起来为她鼓掌。

——buzzfeed.com 新闻网站

这就好像你的脑海里有了一个迷你珊达，鼓励你奋勇前行，并最终可以说，"搞定了"。

——the skim（新闻订阅服务初创公司）

字里行间充满了幽默和脆弱……莱梅斯对读者絮絮而言，像是在同老朋友聊天……她擅长写作……《试着说是》这本书深刻而有内涵。莱梅斯小姐绕过了一个最容易犯的错误，并没有让这本书成为另一本名人以博名声为目的的好莱坞读物。

——《匹兹堡邮报》

本书如同莱梅斯在发表演讲，妙语连珠，令人印象深刻……读来叫人精神振作。

——《卫报》（美国）

这是一本回忆录，也是只由一个女人组成的军队发出的集结号，出自《实习医生格蕾》《丑闻》《逍遥法外》的创作者，从基本上来说，这本书就像是新年立志。不论你到何处，请带上这本书。

——《彭博商业周刊》

这本书能够激励骨灰级宅男宅女走出家门，在全新的一年做出全新的尝试。

——《红眼杂志》

本书讲述了在一年中大声说'我可以'的生活，真诚，振奋人心……莱梅斯创作的这本书节奏明快，诙谐机智，很像是她钟爱的电视剧。她热情活泼、可信、风趣……这本书很快就可以读完——周四晚上看完她制作的电视剧用多少时间，读完这本书就用多少时间——但绝非言之无物。就好像一条你戴上以防万一的羊绒围巾，这本书值得你随身携带，也是送礼的佳品。莱梅斯说她可以和读者分享她的真知灼见。按照她的办法去做，或许不能让你出现在杂志封面上，但你绝对不会后悔。

——《科克斯书评》

一本很有影响力的回忆录和励志书籍，可以鼓励人们对生活说"我可以"……（莱梅斯）和读者分享了转变背后的重要信念和故事，文字幽默生动。莱梅斯带给人启示，真实可信，读者正需要这样一个女主角来鼓励他们自己，实现这样的转变。

——publishersweekly.com《出版人周刊》网站

莱梅斯用幽默坦诚的视角，讲述了她克服恐惧、大声说"我可以"的经历……和莱梅斯制作的电视剧一样，这本书趣味横生……莱梅斯用无边无际且充满活力的散文带读者领略她这本快节奏的书籍，让读者感觉爱不释手。在这本书中，和她所做的其他事情一样，莱梅斯让成功看起来是那么轻而易举。她鼓励我们不要寻找诸多理由说"不"，而是要想方设法克服恐惧，大声说"我可以"。

——The root

莱梅斯这种熟悉的对话式写作方式使本书更为通俗易懂，这本书既是励志书籍，也是写个人经历的回忆录。

——tvguide.com（电视指南网站）

谨以此书献给哈珀、艾默生和贝克特：

愿每一年都是说"我可以"的一年。愿你们在未来无须再做"第一、唯一和不同"。如果这个未来尚未到来，那就勇往直前，开始革命吧。妈妈相信你们一定能做到。

还要献给多萝西：

是你允许我进行我自己的革命。每次我呼唤你的名字，你都说"我可以"，并马上出现。你就是家里的"第一、唯一和不同"——我们五个人都是你的追随者。是你给了我们第二次机会，谢谢你。

对改变的需要在我的心中开辟出了一条路。

——玛雅 · 安杰卢

若你希望不再泥足深陷，那就洁身自好，对自己提出更多要求。

——克里斯蒂娜 · 杨，《实习医生格蕾》

你　好

我老了，我喜欢虚构

我是个编故事高手。

我不在乎有谁能明白。

我向来都是信口胡诌。

在你开始评估我的性格、猜测我是否精神正常之前……就让我先来介绍一下我自己吧。我之所以满口天方夜谭，其实是因为我不得不这么做。我不仅仅是喜欢编故事。我是说，我太喜欢编故事了。我超爱胡编乱造。我在身后交叉手指，脑海里涌出奇思怪想，这能让我的发动机运转起来，让我心情愉快，整个人精神十足。

我太喜欢编造离奇的故事了。

我爱这么做。

编故事已经深入我的骨髓，根植于我的大脑。我的大脑自然而然地倾向于半真半假，我的大脑对虚构青睐有加。就好像花朵都向阳。就好像用我的右手书写。虚构就好像一个能让人感觉超爽的坏习惯，养成容易，戒掉难。捏造荒诞的故事，每一句话都建立在虚构的基础上，的确是个讨人厌的小恶习。但我喜欢。

但这不仅仅是个坏习惯。我需要这么做。我是不得已而为之。

虚构是什么呢？

是一项工作。

真的。

我说的是大实话。

在伊利诺伊州帕克福里斯特圣马利亚天主教学校，我在休息时间跪在教堂里为一两个修女背诵《玫瑰经》，其实就是一份"要对耶稣、圣母马利亚和约瑟真诚以待"的工作。

"你千万不能告诉任何人。我妈妈从俄罗斯逃出来了。她和一个叫弗拉基米尔的家伙订过婚，现在只好把她热爱的生活，所有的一切统统抛开。真是太惨了。现在她不得不假装她是个普普通通的美国人，不然的话，我们就都小命不保了。我当然会说俄语。什么？她是黑俄罗斯，笨蛋。不是有个白俄罗斯嘛，跟那个差不多，但她是黑俄罗斯。反正是哪种俄罗斯不是重点，我们这辈子是不能去那里了，她现在在那里已经被列为死亡人口了。因为她暗杀列昂尼德·勃列日涅夫未遂。你问她为什么要这么做，你这是什么意思呀？你竟然不知道？当然是阻止核冬季的出现哪。是为了拯救美国。"

我知道列昂尼德·勃列日涅夫，你肯定觉得我很厉害吧。我对俄罗斯政治了若指掌，你肯定认为这很加分吧。我给十岁的同学普及冷战知识，你肯定认为有人会对我感恩戴德吧。

双膝跪地。教堂。修女。《玫瑰经》。这就是讲故事的结果。

我在睡梦中都能背诵《玫瑰经》。我在睡着的时候真的背过《玫瑰经》。

要对此负责的是胡编乱造。胡编乱造要对所有的一切负责——我所做过的一切，我拥有的一切，还有我这个人。没有了我编出的故事和谎话，很可能此时此刻，我还是俄亥俄州一个不爱说话的图书管理员。

而我那天马行空般无边的想象力，改变了学校修女希望我走的那条下坡路。

多亏我虚构出的故事，我才能离开我和我姐姐桑迪在芝加哥郊区共住的小卧房，来到常春藤盟校达特茅斯学院的宿舍，跟着，又是它们带我一路直奔好莱坞。

我的命运与我的想象力息息相关。

那些充满罪恶的故事搞得我在休息时间也要祷告，以此赎罪，但也是由于这些故事，我才能去杂货店买红酒牛排，还不用关心价钱。买红酒牛排而不用操心钱，对我来说非常重要。这可是我的目标。谁叫我只是个在电影学院努力奋斗的研究生，常常身无分文。所以我经常要在红酒和厕纸之间做个选择。牛排对我来说更是可望而不可即了。

红酒还是厕纸？

红酒。

或者——

还是厕纸吧。

赢的并不总是厕纸。

等等。

我好像看到你瞥了我一眼？这个……你是不是在评价我呀？

不。你不能刚刚捧起这本书就来评判我。

这段旅程不该是这样开始。我们还是放松放松吧。我的朋友，我们是一起在这本书里。所以，就让喝不上红酒的她做首先发难的人吧。不然的话……

有时候厕纸也赢不了。

有时候一个身无分文的女人更需要红酒。

所以，如果我这么喜欢撒撒小谎和编编故事所具有的魔力，并且毫无悔意，那你就通融通融好了。

我编故事可是为了生存。

想象就是我的工作。我是个电视剧编剧。我要创造出各种角色。我在我的脑海里创造出整个世界。我给平常的对话增添了一些有意思的词语——或许因为看了我的电视剧，你会说起你的阴道（vajayjay，出自《实习医生格蕾》——译者注），还告诉你的朋友，你的同事连蒲伯都不如，简直输惨了（Poped，Pope 为《丑闻》女主角的姓氏，意指在竞争中败北。——译者注）。我让婴儿出生。我终结人的生命。我戴白帽子（美国西部片中好人戴白帽子，坏人戴黑帽子。——译者注）。我做手术。我做角斗士。我免除罪责。我讲荒诞不经的故事，我坐在篝火边。我让自己生活在虚构中。杜撰捏造是我的工作。就是虚构。虚构是一切。虚构给我带来好运。

不错，我是个编故事高手。

但现在我是个职业编故事高手。

《实习医生格蕾》是我写的第一部真正的电视剧，这表示当我开始写剧本的时候，我对电视剧还一无所知。但凡遇到电视编剧，我就向人家打听这个工作是什么样的，负责一季的电视剧需要怎么做。我得到了很多很好的建议，其中大多数都说得很明白，那就是每部电视剧都是一次不同且具体的经历。只有一点例外：每个编剧都把写剧本比作为一辆疾驰而来的火车铺设铁轨。

要写的故事就是铁轨，为了让火车向前行驶，你得一直铺下去。火车就是作品。你不停地写，不停地铺设铁轨，就算天塌下来都不能停，因为作品这辆火车正向你驶来——不管是什么样的作品。每八天，创作团队就开始为新一集进行筹备——寻找拍摄地点，搭建布景，设计服装，寻找道具，设计镜头。在这之后的每一个八天，制作团队就必须拍摄新的一集。每隔八天。八天筹备。八天拍摄。八天，八天，八天，八天。这就表示，每隔八天，制作团队就需要新的剧本。我的工作就是为他们提供新的剧本。每隔八天，作品的火车就开来一次。每隔八天，片场的制作团队最好有东西可拍。因为你能做出的最糟糕的事，莫过于让拍摄无法进行或是拖后腿，让片场白白浪费数十万美元，让所有人都干等着。这样的话，你就会从一个电视编剧成为一个失败的电视编剧。

于是我学着快速铺设轨道。同时还要铺得巧妙和新颖。但一定要快如闪电。

铺设虚构的成分。

将一些故事塞进缝隙中。

把想象力钉在边缘。

我一直都能感觉到那辆列车风驰电掣，喷出的热气扑到我的大腿后面、脚后跟、肩胛骨、手肘，以及裤子的后裆下部，威胁着要从我身上碾过去。但我没有后退，没有眼睁睁看着火车飞驰而过，让冷风吹向我的脸。我从未后退一步。因为我不能。因为我不愿意。这不仅是一份工作。而且，对我而言，在这个世界上，没有比这更好的工作了。兴奋刺激，忙忙碌碌，还有……嗡嗡声。当我掌握了写作的节奏，写得飞快，我的脑袋里就会嗡嗡响。每每这个时候，铺轨道不再感觉像跪着手脚并用地爬山，而是仿佛轻轻松松地在空中翱翔。犹如在超音速行驶。我整个人都发生了变化。我冲破了写作的壁垒。铺铁轨的感觉也变了，不再费力，反而心中满溢狂喜。

我一向擅长胡编乱造。

要是奥林匹克有胡扯瞎编这种比赛，我一定会是个中翘楚。

但是，还有个问题。

我老了。

不是那种"如果你从我家草坪上跑过我就冲你挥拳头大呼小叫"的那种老。不是"受人尊敬满脸皱纹"的那种老。我的老不是外在的老。我是说，从外表看起来，我还不错。

我看起来很年轻。

我外表不老，而且八成永远都不会显老。我说真的。我永远不会变老。这可不是因为我是吸血鬼什么的。

我永远不老，是因为我是我母亲的孩子。

我母亲？看起来很不可思议吧。在倒霉的日子，她至多看起来像个微微有些忧郁的二十五岁女孩，昨天晚上在派对上玩得有点过了头。我是说，那个女人现在过来了……要是我和你说起她，她会不高兴的。那我们就换个说法：我母亲有六个孩子，十七个孙辈，八个曾孙。我看到她的时候，我喜欢让她知道她"状态很好"。这么说主要是因为她听了会大吃一惊。而且，这还能逗得她哈哈大笑。我们都知道这是实话。但悄悄告诉你，我这么说，是因为这能叫我安心——我知道我也有那样一张脸。

我家里的女性成员赢了基因上的彩票。

你认为我在开玩笑？

才不是。

等我变老了，我就会和我母亲那一边的女性家庭成员站成一排，享受着兑换那张彩票后带来的好处。因为我们赢得的彩票可是强力球彩票大奖，宝贝。六个号都中了——也包括那个红色大数字。

我的姨妈们，我的表姐妹们，我的姐姐们……你看到我们站在那里，肯定会觉得我们很像戴着皇冠状头饰的小孩子。我们这些女人是我外祖母罗西·李的后代，我们看起来好极了。我们的黑皮肤不会长皱纹——这可是真的。我和我的姐姐桑迪喜欢提醒彼此："在这座老人院里，我们永远都是最热辣的女人。"

事情就是这样，喜忧参半，叫人觉得惨兮兮的。都是因为我的大脑。

我的大脑。噢，我的大脑。

我的大脑，它老了。

真的很老了。

是那种"用牙床咀嚼"的老。

是呀，是呀。日落老人中心里住的都是不愿意过《灰色花园》那种生活的老人，而我将是最热辣的两个女人之一。

我十有八九会成为老年舞会中的大美女，但与此同时，我肯定不记得我曾认为在老人院当个热辣女郎很有意思。

我或许赢得了外貌方面的基因彩票，但说到身体内部嘛……

我们在这里也来选择一下是要红酒还是厕纸，好吗？

我的记忆力枯竭了。

它难以捉摸。若不是我整天都必须表达我自己，不惜搜肠刮肚想出各种词语，我或许还注意不到。但我必须这么做，所以我注意到了。或许，如果我的第一部电视剧不是医疗题材，如果不是我每次打喷嚏，就开始过分担心自己的健康，冲着医生大吼大叫，很肯定自己得了肿瘤或各种病，我或许就会认为我只是缺觉了，然后置之不理。但不是这样。所以我不能当什么都没发生。

忘记名字，将事情的细节混淆在一起，我很肯定一个疯狂的故事是一个朋友告诉我的，但其实是另一个人说的。我的大脑就像一张逐渐褪色的照片，各种故事和影像都飘向了未知的地方。原本名字、事情或地点在记忆中的位置现在只剩下一片空白。

看过《实习医生格蕾》的人都知道，我这个人对治疗阿尔茨海默病十分着迷。认识我的人都隐约知道，我最大的恐惧就是得阿尔茨海默病。

所以我很肯定我得了这种病。我很肯定我得了阿尔茨海默病。我很肯定，于是我带着我那糟糕的记忆力、我的尖叫、我的疑心病去看医生。

我没得阿尔茨海默病。

没有。

（谢谢你，宇宙。你美丽又聪明。如此美丽，如此聪明。）

我没得阿尔茨海默病。

我纯粹只是老了。

青春韶华已逝。

时间绝不是我的朋友。我的记忆慢慢地都变成了空白。我生活中的细节逐渐消失不见。我的大脑这堵墙壁上的画被一张张偷走了。

太叫人筋疲力尽。迷惑不解。有时候很有趣。时常都很悲伤。

但是——

胡编乱造是我的谋生手段。我这辈子都得这么做。所以——

没有做计划，没有主动尝试，甚至都没意识到这种事情会发生，我脑海里那个讲故事的人向前一步，解决了这个问题。我内心中的骗子接管了我的大脑，开始讲故事。开始……填满那些空白。开始在一片虚无中作画。弥合那些裂痕，将一个个点连接在一起。

为那辆列车铺设铁轨。

不管怎么样，那辆列车还是会到来。

因为这是份工作，宝贝。

虚构。

这给我出了一道难题。

这本书不是虚构。无关我创造出来的角色。并不是发生在西雅图圣恩医院(《实习医生格蕾》中的医院。——译者注)或蒲伯联合事务所(《丑闻》中的公司。——译者注)。这本书写的是我自己。故事发生在现实中。所有内容都是真实的。

这表示我不能润色，不能添油加醋。我不能加入闪亮的彩虹，也不能丢一把灿烂的光辉。我不能创造更好的结局，更不能加入更为精彩的转折。我不能说管它呢，写一个精彩的故事，然后去背诵《玫瑰经》。

这下我不能编造故事了。我必须将事实和盘托出。我能写的只有真实的事情。但这是关于我的事情。所以问题就来了。

你明白的，对吧？

所以啦，我想这就是我的免责声明。

这本书的每个词都是真的吗？

我希望是这样的。

我认为是这样的。

我相信是这样的。

但如果不是，我又怎么能记得呢？

我老了。

我喜欢瞎编故事。

好吧，这是有可能的。这里可能也有轨道。在本书中，我可能也一直在为那辆火车铺设轨道。这不是我的本意。我并没有试图这么做。我觉得我没这么做过。但的确有可能。

我要说的就是这些。这就是我记得的事实。据我所知的事实。尽一个老骗子所知。我尽全力了。要是这个老骗子在某些细节上处理得不对，那……

再一次为了便宜的座位，各位……

我老了。

我喜欢虚构。

Prologue

赤诚相见

当第一次有人建议我把那一年的经历写下来，我其实是想拒绝的。

写我自己，感觉就像我决定站在一家很有档次的餐馆的桌上，撩起裙子，让所有人看我没穿短裤。

这么说的意思是，写我自己这件事真是太叫人震惊了。

我不得不将自己隐藏的一面拿到光天化日之下。

那个我有些顽皮。

十分隐秘。

瞧见了吧，我是个内向的人。在内心深处，在骨子里，我是个内向的人。我的活力是建立在内向性格基础上的活力。我的鼻涕也是建立在内向性格上的鼻涕。我每写出一个单词，我身体里的所有细胞都在不断地向我呐喊：写这本书是一种反常行为。

淑女不该在闺房之外表露灵魂。

将我自己毫无遮掩地展现在你面前，让我感觉紧张、焦躁不安，就好像我在一个倒霉的地方出了疹子。我喘不上气，呼哧呼哧的，跟狗的呼吸声似的，非常怪。一想到人们看我写的这本书，即便是在公共场合，我也会不适当地哈哈大笑起来。

　　写这本书让我感觉很不自在。

　　亲爱的读者，这就是关键。重点就在于此。正是因为这个，我才强忍着紧张不安、哈哈笑和急促的呼吸，写出了这本书。

　　这一切的开始正是我太自在了。

　　太自在，外加听到了一句让我深感震撼的话。

　　再加上一盘火鸡。

目 录 | Contents |

第一章

我不行

"你这辈子就没说过'我可以'。"

在我听来,这句话真有石破天惊的效果。

事情就是这么开始的。此后种种,都由此而起。我姐姐多萝西说出了这句惊人的话,改变了所有的一切。在我写下这些文字的时候,也因为她说的这句话,我完成了蜕变。

"你这辈子就没说过'我可以'。"

这句叫人惊讶无比的话甚至都不是她"说"出来的,其实她只是在喃喃嘟囔而已。她的嘴唇几乎都没动,目不转睛地盯着手里的大刀,飞快地把蔬菜切成方丁,拼了命要提前完成任务。

加油,加油,加油,加油。

那是 2013 年 11 月 28 日。

感恩节的早晨。她肩上的担子显然不轻。

感恩节和圣诞节怎么过,向来都是母亲说了算。她把我家的节日聚餐打理得井井有条。美食、鲜花、色彩完美地搭配在一起。反正就是挑不出一点瑕疵。

去年,母亲宣布,她再也不理这摊子事了。是呀,她干起活来好像不费吹灰之力,但不代表做起来真就那么轻松。就这样,母亲虽然还掌握着家里的大权,却宣布退位,撒手不管了。

今天早晨是多萝西头一次戴上"王冠"。

结果我姐姐摇身一变，成了一个紧张和危险的家伙。

她嘟囔出那句话的时候，甚至都没抬眼看我。她没这个时间。家里人和朋友们还都饿着肚子呢，过不了三个钟头，他们就要来了。我们甚至都还没到给火鸡涂抹油脂那一步。所以，除非我姐姐能把我剁吧剁吧做成菜，把我端上桌给大家吃，佐以填料、肉汁和蔓越莓酱，否则的话，此时此刻，她才懒得正眼瞧我呢。

"你这辈子就没说过'我可以'。"

多萝西是我家里最大的孩子。我是老幺。我和她相差十二岁；我们之间有四个兄弟姐妹，分别是诺拉、詹姆斯、托尼和桑迪。我们差这么多岁，中间又隔着好几个手足，很容易感觉我俩虽然住在同一个太阳系，却从未到过对方的星球。毕竟在多萝西去上大学的时候，我才入幼儿园。我在童年只对她有十分模糊的记忆——多萝西给我扎了一头辫子，只是她扎得太紧，弄得我的脑袋疼死了；多萝西教我的哥哥姐姐跳一种叫"蹦蹦跳"的新舞蹈。当年多萝西结婚时走过教堂的通道，我和我姐姐桑迪跟在她后面，捧着嫁衣的下摆，我们的父亲走在她身边。小时候，我一直把她当偶像，希望长大以后能变成她那样。长大了，她则成了我最好的朋友之一。我成年以后，大多数重要的回忆中无一例外都有她的身影。所以我觉得，她有资格朝我嘟囔这句话，也有资格告诉我，我长大以后要做个怎样的人，并且站在我这一生中最珍贵的回忆的中心。

而且，这一刻重要无比。

她不知道这一点。我也不晓得。反正当时是还没意识到。当下，这一刻感觉上无关紧要，就是个普普通通的感恩节早晨，而她累坏了。

天没亮她就起了，打电话提醒我把那个二十一磅重的火鸡从冰箱拿出来解冻。接着，她开车穿过四个街区，从她家来到我家，给我们这一大家子人做饭。这会儿还不到十一点，她却已经忙活了好几个钟头。切菜、搅拌、调味。她太辛苦了。

我一直看着她。

事情倒不像听起来那么糟糕。

我也不是袖手旁观。

更不是一点忙也帮不上。

她要什么，我都会递到她手上。再说了，我用婴儿背带把三个月大的女儿背在怀里，还抱着一岁半的女儿。刚才，我还为十一岁的女儿梳好头发，关掉她一直看的电视剧，把一本书硬塞进她手里。

我们一直在聊天。我和我姐姐。我们在聊天。聊一聊自从……昨天或前天我们错过的所有事情。

好吧。好吧。只有我一个人在说话。

我说话。她做饭。我说呀，说呀，不停地说。我有很多事要告诉她。我给她一一讲了我在过去这个星期里收到的所有邀请。有人希望我在会议上讲话，有人邀请我去化装舞会，还有的人请我去某某国，见见那里的国王，或是问我要不要上脱口秀。我说到了我收到的十来个邀请，而且一五一十描述得非常清楚。

现在我得向你承认，我稍微有点添油加醋，编了点故事，铺设了一些铁轨。我是故意夸大的——我的目的是要引我大姐做出反应。我希望给她留下深刻印象。我希望她以为我很酷。

你知道的，我是在一个大家庭里长大的。我的父母和兄弟姐妹具有很多优秀的品质。他们都很可爱，也很聪明。而且，和我说的一样，他们都长了一张娃娃脸。但我的这些直系亲属都有一个令人极其不能接受又愚蠢的缺点。

他们都不屑评论我的工作。

不屑。

他们每个人都是如此。

没一个例外。

只要我成为别人瞩目的焦点，不管是出于什么原因，他们都会发自内心地感到困惑。若是有人觉得我这人很有意思，他们就会为此深深不知所措。只要别人眼中的我和他们眼中的我不一样，他们就瞧瞧对方，开始犯糊涂——在他们心里，我只是他们的小妹妹，笨笨的，喜欢写作。

好莱坞是个光怪陆离的地方。在这里，很容易就会与现实脱钩。但最让人脚踏实地的，莫过于当有人找你的一大群兄弟姐妹索要你的相片，他们却发自内心地惊恐问道："她的照片？珊达的照片？你确定吗？珊达？不，等等，你真的要珊达的照片？珊达·莱梅斯？为什么？"

这可真是超级刺耳呢。然而……想想看吧，要是所有人都有五个这样的大哥大姐，那该有多少公主病自大狂得到拯救哇。他们爱我。很爱很爱。但他们打死也不相信那个戴着和可乐瓶底一样厚的眼镜的孩子竟然会成为名人，毕竟他们都亲眼见过她把字母形面片汤吐在后门廊，然后滑了一跤，面朝下栽倒在呕吐物上。

就是因为这个，我此时才在房间里口吐莲花，手舞足蹈，活像是在争取一个镜球奖品。我拼了命要让我姐姐表现出哪怕是一点点印象深刻的迹象，表现得她觉得我有那么一点点酷。试着吸引我这些手足做出反应几乎已经成了我的游戏。而且，我相信有一天我会赢。

但不是今天。我姐姐甚至都没朝我的方向眨一下眼睛。相反，她有些不耐烦，可能还有点累，八成还很讨厌我没完没了地说着那些奇特的邀请，于是，她打断了我。

"你会去吗？"

我一时语塞，还有点惊讶。

"嗯？"我这么说，"啊？"

"就是那些活动呀。派对、会议、脱口秀。你对他们说'我可以'了吗？"

我愣愣地站了一会儿。不知道说什么，有些不知所措。

她在说什么？说"我可以"？

"噢。没有，我的意思是……没有。"我有些结巴了，"不能说……显然我是拒绝了。我是说，我很忙。"

多萝西一直低着头。切切切。

后来，当我回想这件事，才意识到她大概根本就没听我说。她八成在琢磨她接下来要做奶酪意面，而她的切达干酪够不够用。或是在想该烤多少肉饼。又或者是在想办法怎么在明年甩掉做感恩节大餐这个任务。但在当时我并没有想到这些。在当时，我姐姐一直低着头。这肯定有什么意思。我姐姐在那一刻低着头，感觉起来很是意味深长。

别有深意。

是在挑战我。

真粗鲁。

我必须保护我自己。我要怎么保护我自己呢？我能做什么——

就在那一刻（这真是太幸运了，所以我才认为这个宇宙爱我），一直被用背带挂在我胸前的超可爱的三个月大的宝宝贝克特决定把一口奶喷到我身上，暖暖的奶汁顺着我的衬衫前襟向下流。我一岁半的女儿在我怀里皱了皱眉和鼻子，要说贝克特是小太阳的话，她就是月亮，这会儿，她摆出一副淑女的样子。

"我闻到了一股味道，亲爱的。"她告诉我。艾默生管所有人都叫"亲爱的"。我冲她点点头，指指难闻的温热奶渍，忽然想到了什么。我看着我怀里这个烂摊子。

我终于想到该怎么为我自己辩护了。

"贝克特！艾默生！我有孩子要照顾！还有哈珀！她现在是个青少年！青少年都是娇嫩的花朵！我可不能到处乱跑去干这干那！我有三个孩子要照顾呢！"

我冲着厨台对面我姐姐的方向大声说出这些话。

等等。说到照顾东西嘛……我还得照顾一个叫周四晚间档的小东西。哈哈！我得意扬扬地在厨房另一边跳了希迷舞，还指指她，心里沾沾自喜。

"我还有工作！两份工作呢！《实习医生格蕾》和《丑闻》！三个孩子加两份工作！我……忙得不可开交！我是母亲！我是个作家！电视

剧都靠我呢！"

砰！

我感觉自己取得了完胜。我是个母亲。母亲，该死的。我有孩子。三个孩子呢。我同时负责两部电视剧。制作团队里的六百多人都要依靠我才能开工。我是一个有工作的母亲。我是个职业母亲。

就跟……碧昂斯一样。

没错。

跟碧昂斯一模一样。

我把培根肉带回家，放在煎锅里煎熟。这不是借口。这是事实。这一点无可争论。没人能和碧昂斯争论。

不过我忘了我面对的是多萝西。

多萝西能和所有人争论。

多萝西放下刀，不再做饭。然后，她抬起头看着我。我的姐姐今年五十多岁了，是我家基因强力球彩票的最大赢家。其实她快六十了。她的儿子们都已长大成人，学业有成，现在都开始工作了。她已经升级当了祖母。然而，还是常有人问我，这个五十多岁的大姐是不是我的孩子。

有时候这也太惊悚了。

但当她抬头看着我，更像是一个调皮的十四岁女孩，而不是我的大姐。她用那双十四岁顽皮女孩的脸面对着我。

"珊达。"

她只说了这两个字。但她说得那么自信……

于是我脱口而出——

"我还是个单身妈妈。"

现在这不是什么羞耻的事。我和你都很清楚这一点。因为"单身母亲"这个词的严格定义很适合我，毕竟我是母亲，又是单身，但其文化和口语方面的含义与我并无多大关系。我不恰当地挪用了这个词，仿佛我是个为生活而苦苦挣扎的母亲，尽力让餐桌上有食物，这么说简直让我出尽了洋相。我知道这一点。你知道这一点。但不幸的是什么呢？不幸的是多萝西也清楚。

是该结束这次对话的时候了。我扬起一边眉毛，摆出专横跋扈的面孔。在办公室里，要是我需要所有人都停止和我吵吵，我就会拿出这种表情。

我姐姐才不会被我这种盛气凌人的面孔震慑住。她又拿起刀，开始切切切。

"去把芹菜洗了。"她告诉我。

我乖乖去洗芹菜。不知怎的，新鲜芹菜的气味儿，洗菜的动作，艾默生兴高采烈地把水溅到厨台另一边，这一切都让我产生了一种虚假的安全感。

所以我才没准备好。

我转过身，将湿漉漉、洗干净了的芹菜交给她。让我惊讶的是，多萝西竟然一边切切切，一边说起了话。

"你是单身妈妈，但你不是个孤单的妈妈。我就住在四个街区之外。桑迪家也在四个街区之外。你的父母住的地方距离此处只有四十分钟车程，而且很愿意照顾孩子们。你有这世界上最好的保姆。你有三个出色的好朋友，随时愿意帮忙。你的周围都是爱你的家人和朋友，都是希望你幸福的人。你是你自己的老板，你工作那么忙，都是因为你愿意这么忙。但你除了工作，什么都不做。你没有任何娱乐。你曾经有过很多快乐的日子。现在，这么难得的机会自己找上门来，有些是一辈子只有一次的机会，你却白白放过了。为什么？"

我动了动，心里很不自在。不知为了什么，我不喜欢现在这样。我不喜欢我们的对话。我的生活好得很。我的生活精彩得很。我是说，看看吧！

看呀！

我很……幸福。

是吧？

我很幸福吧？

算是幸福吧。

管好你自己的事，多萝西。你真烦人，多萝西。人们不应该是本杰明·巴顿（电影《返老还童》的主人公。——译者注），所以你的脸显然是和魔鬼做了交易才换来的，多萝西！你知道吗，多萝西？你是全天下最讨厌的人。

但这些话我一句都没说出来。良久，我只是站在那儿，看着她切切切。最后，我给出了回答。语气中还夹杂着不经意的傲慢。

"我无所谓。"

跟着，我转过身，希望此举能表示这次的对话就此结束。我向客厅走去，把已经睡着的贝克特轻轻放进摇篮车，再把艾默生放在换尿布台上，给她换一块干净的尿布。过一会儿，我要到楼上去找一件没被喷过奶的衬衫换上，好吃晚餐。干净尿布换好了，我把艾默生抱在怀里，让她把头靠在我的肩膀上，然后，我们转过身，正好面对我姐姐，就在我往楼梯走的时候，她说出了那句话。

"你这辈子就没说过'我可以'。"

她声音很小。几乎细若蚊鸣。

此时她正好切完了洋葱。

一句石破天惊的话。

"你这辈子就没说过'我可以'。"

时间停顿了片刻。这清晰停滞的一刻让我永生难忘。如同一幅画，挂在我的大脑这面墙上，永远都不会被摘走。我的姐姐，穿着棕色连帽衫，头发在后脖颈缩成一个整洁的发髻，她站在那儿，手里拿着刀，低着头，面前的菜板上堆着一小堆洋葱碎。

她说出那句话。

"你这辈子就没说过'我可以'。"

她说出这句话，如同投出一枚手榴弹。

你这辈子就没说过"我可以"。

跟着，我姐姐把洋葱碎拨到一边，开始切芹菜。我去楼上换衬衫。亲戚和朋友们来了。火鸡的味道棒极了。晚餐十分丰盛。

那枚手榴弹就横亘在一切之间。悄无声息。躲藏在伪装下。我并没有多想。

你这辈子就没说过"我可以"。

感恩节就这么过去了。

第二章

或许？

手榴弹休眠了几个星期。

它在我的脑海里转哪转哪，拉环牢牢地待在原地。而且，它是那么无声无息，我甚至都可以忘记它的存在。我依然继续以往的生活轨迹。工作，写剧本，一集集拍电视剧，回家，哄孩子，睡觉前在床上看会儿书。

生活依然循规蹈矩。

倒是发生了一件异乎寻常的事：作为肯尼迪中心的新董事会成员，我搭飞机去了华盛顿。我参加了庆典活动，头一次去了白宫。后来，出于至今连我自己都不太明白的神秘原因，我被告知，在肯尼迪中心终身成就奖的颁奖现场，我将和总统以及第一夫人一起坐在他们的包厢里。

没人问我是否愿意。他们只是告知我一声。我压根儿就没机会拒绝。这主要是因为我很肯定，没人想得到我会拒绝这样的荣耀。是呀，谁会拒绝呢？

我穿了一件漂亮的用珍珠装饰的黑色晚礼服。我的约会对象穿了件全新的燕尾服。在整场活动中，我们就坐在总统和奥巴马夫人后面。我很腼腆，又很紧张，所以，虽然难得见到了总统和第一夫人，却没说上几句话。我就是没法组织出完整的话。不过我倒是自得其乐，玩得很开心。

我们和卡洛斯·桑塔纳、莎莉·麦克琳在同一个房间里喝了鸡尾酒。我们得到了街头荣誉，能说我们见证了史诺普·道格感谢贺比·汉考克开创了嘻哈音乐。我们看到加斯·布鲁克斯演唱了比利·乔尔的《晚安西贡》，伴奏的合唱队都是由退伍老兵组成的。真是太神奇了。整个晚上都蒙上了一层魔幻色彩。不管华盛顿官场里的官员认为他们有多愤世嫉俗，政客们有多厌世，华盛顿这座城市都缺乏好莱坞那种真正的愤世嫉俗。在那里，人们会为各种事情感到兴奋，而热情是会传染的。我乘飞机回洛杉矶，心中洋溢着振奋和乐观的感觉。

那枚手榴弹就这样毫无预警地爆炸了。

事情发生在一天的凌晨四点，当时还有几天就过圣诞节了。我正仰面躺在我的特大号床的中央，不由自主地睁开了眼睛。我忽然从睡梦中惊醒过来肯定是有原因的。

猛地惊醒并非寻常事。

和这个地球上的所有母亲一样，自从我的第一个孩子来到这栋房子，我就告别了安枕美梦。身为一个母亲，就表示我要一直保持机警，随时都要维持清醒。可以说是连睡觉时都睁着一只眼。所以，三更半夜醒来没什么可惊讶的。令我惊讶的是，我醒来不是因为孩子发脾气了，站在婴儿床上尖叫不止。房子里静悄悄的。我的女儿们都在沉睡。

那我为什么会醒？

他们要是询问我的意见，我一定会说"我不行"。

一想到这个，我立马在床上坐了起来。

什么？

他们要是询问我的意见，我一定会说"我不行"。

我的脸开始发烫。我很尴尬，仿佛房间里有别人听到了这个我大脑里的声音。

如果他们问我是否愿意在肯尼迪中心终身成就奖的颁奖现场与总统坐在同一个包厢，我一定会说"不"。

可笑吧。

但这是实话。大实话。

我很肯定我会给出这个答案，就好像我需要呼吸一样肯定。我会小心翼翼地拒绝。带着尊重，彬彬有礼地拒绝。我会想出一个新颖的理由，并且表示我很荣幸得到这样的邀请，同时也感觉很遗憾。我会找个充分的理由，聪明的理由。

我的意思是，算了吧。

我是个作家。我口才很好，讨人喜欢——没人能像我一样，可以巧妙地拒绝邀请。要说回绝某件事，你们都是外行；而我却是个中高手，水平之高，堪称专业。

我冲自己点点头。当然。不管处理的方法如何，结果肯定都是一口回绝。这一点毋庸置疑。

他们要是询问我的意见，我一定会说"我不行"。

我是认真的。

我从床上下来。睡眠此时已经离我而去了。我需要思考一番，还需要红酒。我走下楼，坐在沙发上，凝视我家的圣诞树彩灯。我手里拿着一杯红酒，开始细细思索这个问题。

我为什么要说"我不行"？

我知道答案。我在下床前就已然知道答案了。我只是需要红酒而已。

因为答案太吓人了。

我会拒绝同总统和第一夫人一起坐在肯尼迪中心的总统包厢，是因为说"我可以"之后会发生的事让我心生畏惧。

我会说"我不行"，是因为一旦我说了"我可以"，我就不得不付诸行动。我就真的要去坐在包厢里，见到总统和第一夫人。我就不得不说些什么，就要在距离卡洛斯·桑塔纳很近的地方喝鸡尾酒。

那我就不得不做那天晚上我事实上都已经做过了的事。

我度过了一段奇妙的时光。无论怎么说，那都是我这一生最难忘的夜晚之一。

瞧吧，人人都知道我讲的故事很好听。

用餐之际讲精彩的故事能把我的朋友们逗得哈哈大笑，还让我的约会对象没忍住，把鸡尾酒喷了一桌子。我的故事好到所有人都叫我"再讲一个"。这就是我的超能力——讲好听的故事。绝佳，有趣，如同史诗一般。

任何故事到了我嘴里都能变得活色生香。就算是最无聊的故事，我也能把它说得绘声绘色，引人注意。问题是，一个好故事不能有故意撒谎的成分。最好的故事都是真实的。讲出好故事，需要我……忽略我从前种种杂乱无章的做法。

包括：在出发去白宫之前，我花了十分钟让自己相信，我没得肠胃炎，我很好。我琢磨着要不要舔一舔赞安诺（一种镇静剂。——译者注）瓶底的粉末，是呀，我不再服用赞安诺了，而我与这种药做朋友，已是十二年前的事了。呸。赞安诺瓶底的粉末也有十二年了吧?

还有，我会一连睡上十四小时，因为我依然被压力搞得焦头烂额，除了睡觉，就只有跑了。这里的跑可不是在跑步机上跑跑。我的意思是逃跑。我是说，钻进汽车直奔机场，坐上飞机，就这样逃之夭夭。

逃跑。

这似乎都好过站在公开的地方，让每一根神经末梢在我的身体里尖叫。

我就是这样一个人。

安静。

沉默。

内向。

相比来到一个新环境，看书让我觉得更自在。

满足于生活在我自己的想象力中。

自从孩提时代，我就是个内向的人。我最早的记忆就是我坐在厨房食品室的地板上。我能在温暖黑暗的食品室中一坐就是好几个钟头，用罐头食品搭建王国。

我的童年不可谓不快乐。我是一个八人大家庭中的小宝贝，在任何时候，都会有人读书给我听，听完我编的故事后使劲儿鼓掌，或是将他们青春期的秘密说给我听。兄弟姐妹们要是为额外一块饼干或是最后一块蛋糕你争我夺，到最后总是有人秉持平等主义，叹息一声说："还是给小宝贝吃吧。"

我受尽宠爱，我是明星，我是我的世界里的布鲁·艾薇（碧昂斯的大女儿。——译者注）。我绝不是一个不快乐的孩子。

我只是一个异乎寻常的孩子。

我很幸运，因为我的父母十分重视不同寻常这个品质。我想要在食品室里玩上好几个钟头的罐头，我母亲并没有让我别再摆弄吃的，到别处去玩。她说这是创造性的表现，便关上食品室的门，任由我自己玩个够。

我喜欢长篇连续剧，还是多亏了她。

我在那个放着罐头食品和谷类食物的小房间里创造出的世界是连续的。现在，我称之为"冬天到了，我的龙去哪里了"单人玩耍约会，但这不是 HBO（一个收费电视频道。——译者注）。这里是 20 世纪 70 年代的郊外。我们并不需要真人秀，因为电视里演的都超真实。尼克松就要下台了。我母亲把电视机搬进厨房，放在食品室门外的一把椅子上，小小的黑白电视机里播放着"水门事件"的新闻，而当时不到三岁的我则运用我自己的想象力，创造了一个属于我自己的世界。大山药罐头统治豌豆和青豆罐头，小个子市民罐装番茄酱正在策划革命，要推翻政府的统治。还有听证会、刺杀未遂和辞职。每隔一段时间，我母亲就会打开食品室的门，让我的世界里充满光明。她礼貌地告诉我，她需要蔬菜来做饭。罐头法官宣判一罐玉米犯了叛国罪，判处它死刑，我则把有罪的一方送到刽子手手里。

伙计，那个食品室挺有意思。

你发现问题了吗？你读出问题了吗？

伙计，那个食品室挺有意思。

这句话出自我的口。我竟然一边打字一边还大声说出来。我说这么句话没有任何讽刺，我说这句话的时候，脸上还漾出了一个蠢蠢的充满留恋的笑容。

我拥有一个美妙的童年，但我一向都深深沉浸在我自己的想象力中，相比和人相处，在食品室里，和罐头食品在一起，我更快乐，也更自在。我在食品室里感觉到了更大的安全感。我在食品室里更加自由。当我三岁的时候，这一切都是真的。

现在我四十三岁，感觉更加真实了。

我坐在沙发上，盯着圣诞树彩灯，这才意识到，如果我认为我能侥幸成功，如果没有孩子们需要我存在于这个世界上，那我当时一定会到我家的食品室里尽情享受。我每天都和自己的本性做着抗争。就是这个原因，我现在才有了一个菜园。

他们要是询问我的意见，我一定会说"我不行"。

我会说"我不行"。

因为我向来都说"我不行"。

就在这个时候，手榴弹爆炸了。

忽然之间，我又回到了感恩节的厨房，身上是女儿吐的奶，看着我姐姐切洋葱。而现在我理解了她话中的意思。

你这辈子就没说过"我可以"。

我不光是理解她——我是相信她。我听到了她的话。我知道她说得对。

砰。

手榴弹。

当尘埃落定，所有的一切都清晰起来之后，一个念头在我的脑海里咔嗒咔嗒直响。

我很痛苦。

念及此，我放下酒杯。我喝醉了吗？我是在和自己开玩笑吧？我真是这么认为的？

老实说，我有点生我自己的气。想到这个，我甚至都很尴尬。如果你真想知道的话，我其实很羞愧。我简直深以为耻。

我很痛苦？

现在把这事讲给你听，我依然有些难为情。

我很痛苦。

我觉得我是个什么样的人呢？

一个牢骚满腹的人。我觉得我就是个这样的人。老，还超级爱发牢骚。

你知道怎样的人会痛苦吗？马拉拉。因为有人冲她的头开了一枪。你知道其他例子吗？切布克镇的女学生。恐怖组织博科圣地把她们从学校绑架了，强迫她们结婚（看起来跟合法婚姻没什么两样，只是事实上恰恰相反，这完全是强奸行为），而且再也没人关注这件事。你还知道别人吗？安妮·弗兰克。因为她和大约六百万其他犹太人遭到了纳粹的无情杀害。还有吗？特蕾莎修女。因为其他人太懒惰，不愿意去管麻风病人，她只好去管。

我闲坐着，没有子弹来打我的头，没人绑架我或杀害我，也不需要孤身对抗麻风病，我却说我自己痛苦，这真的很难为情。

在我的家庭中，努力工作是必然的。我父母辛辛苦苦地养大了六个孩子，还送他们去接受教育，数数吧，六个呢。有时候我恍然大悟，我之所以有一个如此快乐的童年，衣食无缺，是因为我父母极为辛苦地工作，所以我们才能拥有食物、汽油、衣服和学费。上高中那会儿，我找了一份工作，在31冰激凌店用勺舀冰激凌卖给别人，从那以后，我从未停止工作。所以我很清楚，我现在过着无忧无虑的生活。我知道我是个幸运儿。我知道我拥有出色的孩子，很好的家庭，优秀的朋友，令人艳羡的工作，一个温馨的家，四肢健全，器官完好。我没有权利抱怨。若是拿我的生活同别人的生活相比，我绝对无可抱怨。除非那个人是碧昂斯。

见鬼，和碧昂斯的生活一比，我的生活简直不值一提。你拿你的生活和她的比，也是如此。不管什么人的生活，和她的一比，都差了十万八千里。如果你知道事实并非如此,如果你知道碧昂斯的生活其实也糟糕透顶,拜托,不要在街上看见我的时候跑过来纠正我。我必须相信碧昂斯的生活完美无瑕。这是我前进的动力。

撇开碧昂斯不谈,我很清楚我有多幸运。我才不会妄想我自己真的悲惨兮兮。这么说我真的很尴尬。我是说,你也没听马拉拉抱怨过。

但你晓不晓得你为什么没听过马拉拉抱怨?

因为马拉拉和她的精神伙伴特蕾莎修女、安妮 · 弗兰克都是比我更好的人。这很明显嘛。因为我很显然是个哭哭啼啼的大孩子,只知道吸奶。因为在那段黎明前的时光里,我盯着我家的圣诞树彩灯,即便我很为此羞愧,却还是躲不开那个念头。有了这个认知,我感觉就好像一头扎进了一个冰冷的湖泊:

我很痛苦。

承认之后,我甚至都无法呼吸了。我感觉好像我向自己揭露了一个全新的信息。我仿佛得知了一个我一直隐瞒自己的秘密。

我很痛苦。

我是真的很不快乐。

2013 年 12 月,我获得了不可思议的成功。我的两部电视剧《实习医生格蕾》和《丑闻》正在播出,并且大受欢迎,我的第三部电视剧《私人诊所》刚刚收官。我的公司珊达领地正在与作家彼得 · 诺沃克合作制作我们最新的电视剧《逍遥法外》。这么看来,我认为一切都显得很不错。而且,只要我还能写,只要我的手指还在敲打键盘,只要我在西雅图圣恩医院或蒲伯联合事务所,只要我还在铺设铁轨,脑袋里还有嗡嗡声……我就很好。我就很快乐。

我知道我是在给自己灌输“我的生活完美无瑕”这个概念。我尽量不去太认真思考这个问题。

我工作。我努力工作。我回家。我陪伴孩子们。我与我的约会对象相处。我睡觉。

就是这样。

在公众场合，我微笑。我常笑。我没完没了地笑。我还做了我所谓的"运动员采访"。运动员采访就是电视上职业体育比赛之后对运动员进行的采访，比如拳击比赛或是 NBA 篮球赛，小威廉姆斯打破了网球纪录，奥运会上的游泳比赛。

好的运动员采访就是运动员走到媒体面前，面带笑容，声音温和愉快，巧妙自如地回答一个又一个记者的问题，不说任何会引起争议的话，也不会透露任何实质性的内容。我最喜欢看迈克尔·乔丹接受这种采访。他站在那儿，在刚才的比赛中他拿下了 5635 分，汗水从他的头上向下流，人高马大的他衬托得记者是那么矮小。

"能打篮球我就非常快乐。"他笑着说。

迈克尔，你对饥饿问题、政治、美国女子篮球、漫画、恒适内衣和墨西哥裔美国人有什么看法？

"能为俱乐部尽自己的一份力，我很兴奋。公牛队就是我的家。"他快乐地笑了起来，然后转身走开。可能是回更衣室，在那里，他不再是接受运动员采访的行家，而是开始做一个人。

那一年，我成了接受运动员采访的行家。

"我很高兴能为美国广播公司工作。"

"我的工作不是质疑播放时段，而是制作电视剧。"

"作为美国广播公司团队的一员，我很骄傲。"

"能为公司尽自己的一份力，我很兴奋。美国广播公司就是我的家。"

"能打篮球——我是说，能写剧本，我非常快乐。"

这是实话。我很开心，很骄傲，很兴奋。我真的很喜欢美国广播公司。（至今仍很喜欢。你好，美国广播公司！）就好像我很肯定迈克尔真的很喜欢公牛队。但接受运动员采访与我喜欢我的工作没有半点关系。

与之有关的是待在食品室里。

关上食品室的门。听外边关于尼克松的新闻。只需伸出手臂到银色的光线下，递出豆子、玉米或山药。把别人需要的东西交给他们。然后关上门。

真正的我，真实的我，通人情且坦率的我，我只让我自己看到。我是个非常好的女孩子。我做到了别人需要我做的一切。

到了一天快结束的时候，作为奖赏，我会给自己倒一杯红酒。

在珊达领地，红酒代表着快乐。

❖ ❖ ❖

我以前一直是个真正幸福的人。一个充满活力的人。我或许害羞内向，但我有一大群吵吵闹闹又有趣的好朋友，其中一些是我从大学时期就认识的，而且，有他们在我身边，我会在桌子上跳舞，一接到通知，就开车去新奥尔良，喜欢冒险，什么事都敢干。那个珊达到哪里去了？

我不知道该怎么来描述我的不快乐。仅此一次，善于讲故事的我竟无话可说。我不知道我为什么不快乐，我说不出我在哪个时刻不快乐，也说不清原因。我只知道我是真的不快乐。

不管那个让我们每个人活着并且独一无二的火花是什么，反正我的火花是不见了。就跟我大脑墙壁上的画一样，被偷走了。有了那株摇曳的火苗，我才会由内到外地快活起来，让我闪亮，让我始终觉得温暖……我的蜡烛却被吹灭了。我死机了。我筋疲力尽。我害怕，感觉自己很渺小，陷入了沉寂之中。

我创造出的角色得到了超乎想象的存在感。全世界的人都知道梅雷迪斯和奥利维亚。与此同时，我的生活则失去了色彩和兴奋，我在我的生活中几乎看不到这二者了。

这是为什么？

你这辈子就没说过"我可以"。

是呀。就是因为这个。

我放下酒杯，躺在沙发上，开始认真思考这句话。

你这辈子就没说过"我可以"。

或许是该从现在开始说"我可以"了。

或许吧。

| 第三章 |

嗯，我可以？

1 月 13 日是我的生日。

呀嗨！

我喜欢生日。

因为我喜欢生日派对。

我发现这世上还有狗狗派对这种事。也就是人们带小狗给孩子们抱一个钟头，这可不是虐待小狗。这是为小狗好，因为他们要把小狗训练成服务犬。我跳上跳下，高兴坏了。小狗！抱小狗的派对！快呀！真的有这种派对。

我喜欢狗狗派对，脸部彩绘，糖果自助餐，那个抱着吉他唱荒唐可笑歌曲的家伙，冰激凌，甚至还有小丑（不过让我喜欢的小丑很少，而且是一点也不吓人的那种）。你是否过了为氦气球和脸部彩绘而兴奋和（或）害怕到可能会尿裤子的年纪？反正我喜欢舞会、化装派对、宴会，也喜欢 20 世纪 70 年代的迪斯科派对。我坚信派对能让一切变得更美好。

你准以为害羞的人讨厌开生日派对。我却很喜欢。小型派对，大型派对，我都喜欢。我不是喜欢参加派对，我是钟爱派对具有的魔力。我喜欢派对的理念。我喜欢坐在一边，看着眼前的大好时光。我喜欢和朋友们在一起。

但今天呢？今年的生日呢？

我洗完澡，探身向浴室镜子。近到我都可以看到自己的毛孔。接着，我端详我的脸。

"你离开子宫，在这世上已经活了很久了。干得不错。"我小声说，"地球上的其他人也是。你还有什么本事？"

然后，我想到床上去。

真的。我通常都很喜欢我的生日。我的确喜欢。可今天我很紧张。有些急躁。我感觉如坐针毡，怪怪的。好像所有人都在盯着我看。我失去了镇定。我的胸口里堵了一块很奇怪的东西。

我二十多岁时宿醉醒来后就有这种感觉。我躺在床上，等着床停止旋转，搞不懂为什么我之前觉得喝下七杯鸡尾酒是个好主意。同样的怪异感出现在我的胸口里、我的肚子里。我等待着，在巡逻中的每一个神经元突触都等待着——高级警报，士兵们，这不是演习——记忆重回我的脑海。等待着当我回忆起前一天晚上我干了什么疯狂的事，羞愧向我涌来。

我和谁睡了觉？

我在什么地方大哭大闹了？

我唱了什么歌？

在今年的生日早晨，我体会到了同样的感觉。仿佛宿醉后的早晨。只是没有了鸡尾酒带来的轻飘飘的美妙感觉。

我答应自己要干什么来着？

我走下楼，戴着孩子们给我做的生日帽，开始吃早餐蛋糕。我一个人几乎吃掉了整个蛋糕。我并不为此而难过。对我来说，这块蛋糕就是一切。我爱死这块蛋糕了。我细细品尝着每一口，就好像死刑犯人在享受最后一顿饭。

那天，我给我最亲密的朋友发了一条短信，我是这样写的：

"对于任何叫我恐惧的事，我都会说'我可以'。我要这么做上一整年。除非我提前被吓死了，你们把我埋葬。"

我的朋友这样回我：

"我晕。"

我对此并不狂热。但我下定了决心。我的逻辑很简单，是这样的：

· 说"我不行"让我来到了当下。

· 当下糟透了。

· 说"我可以"或许能带我到更好的地方。

· 就算到不了更好的地方，至少也是一个不一样的地方。

我没有选择。我不想要选择。曾经我看到了不幸，感觉到了不幸，认出并正确地说出了那就是不幸……光是知道不幸就令我感觉痒痒的。就好像是我的大脑在发痒。不断地说"我不行"其实没有把我带到任何地方。而站在原地不再是一个选择。已经痒到令我无法忍受了。再说了，我也不是那种看到问题却不去解决的人。

在你表扬我之前（老实说，我其实觉得现在没什么可表扬的——但以防万一嘛），我要澄清一点：我知道我说了我不是那种看到问题而不解决的人。但我说的不是像"英勇的罗莎·帕克斯拒绝在巴士上让座"那样。我说的是按照一个悲伤的、有控制欲、"每次必须把面包皮薄薄切掉"的人会用的方法。我的意思是，在这种事情上，我锱铢必较。

我的本性并非如此。

任何 A 型血、强迫症、工作狂和控制狂的本性都并非如此。

显而易见。

我是个实干家。

我说干就干。

我说要做一件事，就会立即去做。我说要做一件事，就真的会去做。我全身心投入其中，埋头干干干。我会坚持到底。不管遇到什么状况，都不改初衷。

不计任何代价。

我是个好胜心很强的人，所以这种情况便更是变本加厉了。不是一般人的好胜心。不是心平气和的好胜心。而是骇人甚至疯狂的求胜心切。千万不要把排球交到我手上。千万不要让我为了娱乐而玩牌。我从未为了玩而去玩填字游戏。我们在《实习医生格蕾》中进行了一场食品烘烤比赛，而我不得不把自己从那场比赛中抽离出来。若是要求编剧们进行烘焙比赛，大概就跟职场性骚扰差不多。而且，在授奖仪式上我一边跳触地舞，一边冲着我身后的那个人大喊"瞧见了吧，贱人！"恐怕很是不妥。

我说过了，我是个好胜心很强的人。

没人邀请我参加他们的游戏之夜。

你瞧，我就是这么一个尽全力争夺的人。

我挺身而进。我用尽所有的方法，不达目的不罢休，只是有时候会搞得遍体鳞伤。

见鬼，我可不是无缘无故就拿到周四晚间档的。

我和你说这些，是希望你能理解，说"我可以"的一年对我来说是一件多大的事。一年里都说"我可以"是一项艰巨的任务。在一年里事事都说"我可以"是一个承诺。是我与我最大的竞争对手和裁判——就是我——订立的一项有约束力的合同。退出必定意味着好几个月的自虐和自尊心深受打击。我会瞧不起我自己。到时候事情会变得很糟糕。

我还要坦白一点。

我很……绝望。

必须改变。一定要改变。眼下的生活不是我想要的。

拥有一切。

拥有一切不该是现在的感觉。是吗？如果拥有一切，如果我花费时间精力拼命工作所为的就是当下的生活，如果这就是乐土的样子，如果这就是成功的样子，就是我为之牺牲的目的……

我甚至都不愿意去想。那我就不想。我不会去想这件事。我只是向前看，深呼吸，并且……相信。相信这条路会一直延伸下去。相信未来可期。

我会相信，我会说"我可以"。

我这样告诉我自己，然后吃掉了整块蛋糕，喝了四杯含羞草鸡尾酒，希望这样就能让我自己相信。

❖ ❖ ❖

一个星期后，我在珊达领地的办公室的电话响了。打来电话的是达特茅斯学院院长安隆。学院院长们并不常给我打电话。安隆院长是个很好的人，我只见过他一次。然而，达特茅斯学院院长安隆现在竟然给我打电话了。电话里，他提出了一个问题。他想知道我是否愿意在学院于6月举办的毕业礼上发表毕业演说。

演讲为时二十分钟。台下坐着大约一万人。

嗯。

整个宇宙的人都来了吧。

他是在和我开玩笑吧？

在打电话的时候，我足足有一分钟无法呼吸。安隆院长在这一分钟里可能说了话，也可能没说。我不知道，因为我的耳朵里嗡嗡直响，什么都听不到。

在一年里对任何事都说"我可以"。

就是这样。现在真的要这么做了，说"我可以"不再是一个模糊的概念。而现在我要做的这件事让我头疼欲裂。

说我可以？

无法计划。无法隐藏。无法控制。如果我要对一切说"我可以"，就不能。

对一切令我恐惧的事说"我可以"。

对一切让我脱离舒适区的事说"我可以"。

对一切疯狂的事说"我可以"。

对一切与自己个性不符的事说"我可以"。

对一切愚蠢可笑的事说"我可以"。

对一切说"我可以"。

一切。

说"我可以"。

我可以。

说吧。现在就说。

"是的。"我说，"我可以。"

我和安隆院长又聊了几句。我觉得我们的谈话是令人愉快的。我认为我很冷静。我的大脑一片空白。我只顾着呼吸。只顾着让我的耳鸣声消退。挂了电话，我才开始考虑我刚才答应了什么。

演讲。毕业。一万人。

我在日历上注明那个日期。

2014 年 6 月 8 日。

6 月。

大约还有六个月。六个月是很遥远的一段时间。

六个月几乎是一生了。

好吧。我耸耸肩，又开始写《实习医生格蕾》的剧本标注。

我松了口气。不是什么大事。稍后再考虑吧。

我把这件事抛到了脑后。一晃五个半月过去了，我一直没想起这件事。你或许会觉得这下可糟了，毕竟我要写一篇很长的演讲稿。然而，事实证明这反倒很幸运。事实证明我还有其他难关要过。

严格来说，达特茅斯学院毕业演讲是我第一次说"我可以"。

不过真的是这样吗？

达特茅斯学院毕业演讲是我第一次说"我可以"。但我实际采取行动的第一个"我可以"则并非这件。

那件事完全不同。那是怎么回事？事实证明那是一件更为恐怖的事情。

你好，吉米·坎摩尔。

第四章

对阳光说"我可以"

"他们希望你能上坎摩尔的节目。"

这是我的公关经理克里斯 · 迪罗瑞欧在和我说话。

是的，我还有个公关经理。有公关经理听来就好像"我上了《时尚》杂志封面"这类事情。要是你也想这样，就得跟詹妮弗 · 劳伦斯一样星光耀眼，或是像露皮塔 · 尼永奥一样每次出门都引起轰动。

在我撰写本书的时候，我好几天没梳头，头发直竖着，身上的睡衣和睡裤都不是一套。甚至都不是同一种织物。裤子是丝绸的，上衣是弹性针织的。裤子的膝盖处有个洞。你好，《时尚》杂志。是呀，我有一个公关经理。

最初聘请公关的时候，我告诉他和他的团队，我雇用公关的主要目的就是我不必亲自做任何宣传活动。大家都以为我是在开玩笑。我当然没有。

我身边的人都知道，我遇到不认识的人，就会很尴尬，表现内向，明显很不自在，所以，一想到要站在台上向观众发表讲话，一大群人拿着照相机对我猛拍，还要上电视，各种公开露面，似乎不用问也知道我会恐慌。

你肯定会觉得这绝不是我最喜欢干的事，对吧？你肯定是这样想的，是吗，好心的读者？

这是因为你没在好莱坞工作过。

在好莱坞，即便是坐在马桶上，人们也乐得上电视直播，让聚光灯照射到他脸上。

我在开玩笑？不，这可不是玩笑之语。

我说的是真的。依我看，由于机会难得，在好莱坞肯定有很多人会排着队去这么干。他们会排着队去参加《上厕所》选角会。

为什么？为什么？

为了曝光。为了一个得到认可的机会。

"那样我就能有上厕所时的台词了，谁说得准呢。"他们这么说，然后扑通一声坐在马桶宝座上。

当我见到你，让我们手拉着手，一起为人类而哭泣，好吗？

好莱坞这些愿意公开上厕所的人真是太可怕了，正是因为他们的存在，我的公关经理克里斯听到我说我不愿宣传，才会一头雾水。他说我会改变主意的。

用最伟大的歌手惠特尼·休斯顿在最伟大的真人秀《成为鲍比·布朗》上的话来回答他好了：见你的鬼吧。

就算我是碧昂斯，就算我一觉醒来变成了碧昂斯，又怎么样呢？我依旧喜欢不受人瞩目。我依旧希望安安静静地在无人注意的角落里写剧本。我不愿意任何人将目光落在我身上。处在别人的注视下，我会很紧张。

每每美国广播公司要我去做宣传，我就感觉（悲哀的是，看起来也很像）自己像是小鹿斑比的妈妈——也就是猎人射杀她的前一刻。她猛地抬起头，竖起耳朵，瞪大眼睛，吓得魂都没了……

这副样子可是毫无吸引力可言。

在达特茅斯学院，我参加了学生戏剧社布塔，出演了几部戏剧。我很享受其中。表演令我着迷。我甚至演得还不错，还得到了别人的赞美。但我不是我。我并不需要以珊达·莱梅斯的身份出现在观众面前，更不用说我自己的话，表达我自己的思想。我只需要说出恩托扎克·尚治、乔治·乌尔夫或莎士比亚写好的词就行了。别人看到的都不是我。他们是透过我看作者而已。我一直觉得自己在舞台上是隐形的。

当时，我觉得面对观众很有意思。但现在呢？地点和方法都无关紧要。现在，面对观众无异于一种折磨。而且，过了一季又一季，电视影评人协会座谈会对我而言简直是酷刑。

有线电视频道每年都会举办两次电视影评人协会座谈会，每次活动为期一周，参加的都是影评家。这一活动为电视评论家提供机会，与演员、节目运作人和导演对话。美国广播公司无数次要求我参加电视影评人协会座谈会。

参加电视影评人协会座谈会，我知道我一向都看起来很好。事实上，我有些不苟言笑，活像个喜欢训斥人的女教师。我见过照片。照片里的我眉头紧皱，面无表情。其实，我真惊讶我的脸这么厉害，竟然没有流露出我内心的恐慌。极端的恐惧似乎让我的脸僵住了，将我变成了一座雕塑，好在台上保护我自己。

但在我上台之前的每一刻……我会喃喃自语，出冷汗，还会哆嗦。为了压下在我内心越来越严重的歇斯底里的情绪，我只好默默地大哭三十秒，结果把睫毛膏都冲掉了，化妆师只好不断给我补妆。我走来走去，双眼无神，心里充满恐惧，美国广播公司的高管就会围在我身边鼓励我。公司主席有个葡萄园，他总会送给我一瓶上等红酒。要是不喝下两杯红酒，我就没法在公开场合说话。大自然就是 β 受体阻滞剂（治疗高血压和心脏病的药物。——译者注）。

我并不是说这是个好办法。

我只是说这方法对我很管用。

关于坐在电视影评人协会座谈会的台上，我只有一次美好的记忆：那一年，《绝望主妇》主创马克·切利在一次节目运作人座谈会上对我表现出了同情。关于一个不幸的女演员的问题如暴风雨一样向我席卷而来，他则挺身而出，回答了其中最犀利的问题，他还开了很多绝妙的玩笑，借力打力，将那些问题一一化解掉。而在二十分钟前，有人——我不记得是谁了——不得不把我的手指从汽车门把手上撬开，这才把我弄了进来。我并没有反抗。我只是太恐惧了，身体发僵，动弹不得。

我得了急性焦虑症，我的上台恐慌症实在是太严重，势不可挡，每次公开露面都是如此。获奖感言，采访，脱口秀……奥普拉。

奥普拉。

奥普拉一共采访过我三次。

关于接受奥普拉的采访，我只记得这一件事。

我的脑袋里像是有个白热的闪光灯。四肢出现了奇怪的麻木，脑海中一直有个尖锐的嗡嗡声。

这下你知道了吧……至于其他的，则是一片空白。

一片空白。

我来自芝加哥郊区，是看奥普拉的节目长大的。早在《奥普拉·温弗里秀》还叫《早安芝加哥》的时候，我就看她的节目了。她让我们买什么，我就买什么，她让我们看什么书，我就看什么书。她在电视上与我们分享的智慧感悟，我都深深记在心中。我是个接受过洗礼的天主教徒，但我笃信奥普拉。如果你是地球人，就该知道我在说什么。所有人都知道。奥普拉万岁。

接受奥普拉的采访对我而言是天大的事。

那对于与她相处的珍贵时光，我都记得什么呢？

一片空白。

那《奥普拉杂志》的采访呢？一片空白。

和《实习医生格蕾》的演员们一起上《奥普拉秀》呢？一片空白。

和凯莉·华盛顿一起上《奥普拉新篇章》呢？该死的，我什么都不记得。

但采访之前的情形我却记忆犹新。第一次的时候,《实习医生格蕾》的服装设计师咪咪 · 梅尔加德抚平我的裙子,让我转个圈,查看整体效果如何。然后,她赞赏地点点头,伸出一根手指,坚定地指着我。

"在见到奥普拉之前,千万不要动。"

其实她说了也是白说。

就算我想动也动不了。我站在我的办公室门口。身体微微有些摇晃。我第一次穿马诺洛 · 伯拉尼克牌高跟鞋,双脚已经有些疼了。

我的大脑就跟鸡宝宝的大脑一样空白。

我感觉到满身都是冷汗。我像个机器人似的开始上下挥动手臂,希望腋窝下面的一大片圆形汗渍能快点变干,不然的话,咪咪那皮格马利翁般的辛苦就算是白费了。

上下,上下,上下……

挥动。我在挥动手臂。

这会儿,我真像一只鸡宝宝。

不过要紧的不是这个。恐惧在我心里隆隆作响,越来越严重,隆隆声越来越大,带着我超越恐惧,来到另外一个地方,我几乎感觉到了……平静。这就好像一直在听一个尖锐的声音,到最后耳膜渐渐对其进行处理,接着,那声音便安静下来。我心里尖叫的恐惧是那么大声,到最后也变得无声了。

鸡宝宝的脑袋要掉了。

我看到奥普拉坐的那辆黑色 SUV 车驶进摄影棚。我看到奥普拉坐的黑色 SUV 车开进贵宾停车场。我看到两个女人一前一后从黑色 SUV 车里走下来。第一个女人很面熟,我其实是看到她的鞋尖落地的样子,才看出她就是奥普拉。至于另外一个女人……我一边挥舞手臂,一边盯着那个女人看。我看不出那个女人是谁。她是谁呢?

接着,我的手臂停了下来。

是盖尔,我的大脑终于认出了她。是盖尔,电视圣母盖尔。我看到了奥普拉和盖尔。

这是我记得的最后一件事，那之后，恐惧让我的大脑变成一片空白，偷走了我的所有乐趣。

"怎么样？"那天晚上晚些时候，我姐姐桑迪和多萝西上气不接下气地询问我当时的情形。这可是个大好机会，我可以让我的姐姐们看重我的工作。大好机会呀，只是——

我不知道。

但我可不是这么说的。

这本书看到现在，你对我还没有一点了解吗？不，你了解我。了解。很了解。

我老了。我喜欢虚构。

我做了我常做的事。奥普拉回到车上，SUV 刚一开走，我便花了好几个钟头，装得很随意地到处找人打听，哪怕是只看了一秒钟奥普拉采访的人，也会被我拉过来描述他们的所见所闻。这样的应对机制对我来说一向都很管用。我一直做得小心谨慎，毕竟你到处找人打听你自己，显得有点愚蠢。

"喂，快告诉我，我刚才都说了什么？我表现得怎么样？我风趣吗？我是不是很有意思？再给我讲讲我和奥普拉谈话时的情形。我说得好不好？"

人们知道你紧张怯场是一回事。他们会很同情你。但你怎么才能向人们承认，你连这辈子接受的最重要的采访都忘了？那也太奇怪了。你知道人们会怎么说吗？我来告诉你吧。人们会说：

你嗑药了。

所以我只能三缄其口。

和奥普拉在一起，这可以说是最糟糕的了。我的仰慕和恐惧混合成了一团由惊恐组成的火球，这下子，我大脑墙壁上的画不光被偷走了，还被烧成了一堆灰烬，无法复原。

要是接受别人采访，我还有一线机会。很微弱的机会。但在某种程度上来说，所有采访者都很可怕。我对每次参加脱口秀的记忆都是模模糊糊的。所有采访都如出一辙。到最后都是白费劲。

❖ ❖ ❖

以前就有人要我接受坎摩尔的采访。

若说吉米·坎摩尔希望我的电视剧里的演员去参加他的节目，倒也说得通。毕竟他需要收视率。而我的电视剧（美国广播公司在宣传我的周四晚间档电视剧时，简称其为 TGIT，而这四个首字母也可以理解成"Thank God. It's Thursday"，意思是谢天谢地，又到周四了）都得到了很高的收视率。高收视率对所有人都有好处。原因是这样的：我的电视剧收视率高，就表示主演去做《吉米·坎摩尔直播秀》（也是美国广播公司的节目）的嘉宾，吉米的节目也能得到高收视率。对我们好，对吉米也好。

这就叫增大效应。我之所以知道这个，是因为人们常在我面前提到这个词。说完这个词，他们就会向我投来意味深长的"增大效应"目光。

我点点头，笑了笑，但你我之间会出现增大效应？我觉得"增大效应"这词像是用来定义两个人在做爱时燃烧掉的卡路里的。

想想看吧。

增大效应。

随便吧。

吉米是个很搞笑的人，为人很好，还是个出色的脱口秀主持人，事实证明，他对我们青睐有加，并不只是因为看重收视率。他是真的很喜欢我们的电视剧。我一直也是这么认为的。他很喜欢剧中的演员。今年，他似乎特别欣赏《丑闻》的演员们。这很好，因为《丑闻》的演员们也很喜欢吉米，很高兴能上他的节目。

就这样，每到周四，凯莉·华盛顿和凯蒂·罗斯这些演员就会盛装打扮，去见吉米和摄制场内的观众。他们回来后就会给我讲起当时发生的事，都说上吉米的节目很有意思。他们给我讲了他们是怎么表演滑稽短剧的，怎么搞恶作剧，讲了哪些笑话。这一切听来很有趣。而且，深夜的时候，我看电视上播出的《吉米·坎摩尔直播秀》，看到了他们形容过的一切，觉得很好玩。

为所有人欢呼！

然而，不知道是为了什么，吉米现在有了其他要求。不知道为了什么，他竟然希望我去他的节目里做嘉宾。

吉米喜欢这个主意。

美国广播公司喜欢这个主意。

我的公关经理喜欢这个主意。

但我不喜欢。

只是没人在乎我喜不喜欢。

没人相信我。

毕竟，谁不想上电视呢？

很快，每一个人都会爬上马桶，开动摄影机！

今年，吉米的人（每个节目都有自己的"人"——坎摩尔的人尤为好）几次询问我是否愿意参加他的节目。

"他们希望你能上坎摩尔的节目。"

我的公关经理克里斯对我如是说。我们是在通电话。这对我来说是件幸运的事，不然的话，我要是攻击他，没准就会去坐牢。

"你说的是，"我紧张地说，"《吉米·坎摩尔直播秀》？"

"嗯。"他听来有点若无其事。仿佛很是随意。但他知道实情。

他很清楚我对宣传的态度，了解我对接受采访有何感觉。他知道我在接受电视采访时会怎么样，而且尤为清楚我对现场直播的态度。

你知道现场直播节目中都发生过什么事吗?

珍妮 · 杰克逊的超级碗露乳是在直播节目中。约翰 · 特拉沃尔塔把伊迪娜 · 门泽尔的名字错说成毫无意义的 Adele Dazeem 是在直播节目中。误称阿尔 · 戈尔当选总统(实际上赢得总统选举的是乔治 · 布什。——译者注)是在直播节目中。

你知道现场直播还发生过什么事吗?

珊达走出来和吉米打招呼,只是我走起来一点也不像正常人,反而被自己绊倒在地,摔倒的时候脑袋撞到吉米的办公桌角,摔得脑浆迸裂,我躺在地上浑身抽搐,裙子掀到腰部,让全国观众看到我穿了两条紧身裤。

摄影棚里灯火通明,珊达紧张到了极点,汗流浃背,细密的汗水顺着我的脸往下流,滑稽可笑,却也很吸引人,大家都无法转移目光,到最后,我因为出汗过多而得了脱水症,晕倒在吉米的桌前,这才结束了这场悲剧。

珊达做了我在宾夕法尼亚大学申请人联谊会上做的事,当时,又老又古板的主持人说:"我不会吹嘘我们的学校有多牛……"我是怎么做的? 我周围有很多预备学校的孩子,留着金发,穿着无懈可击的衣服,而我竟然无可控制地哈哈爆笑起来。(不用说你也晓得,我并没有去上宾夕法尼亚大学。别笑。他们倒是要我了,但我不能去。毕竟那些有钱的金发孩子会在学校里碰到我,还会把我笑不止的事讲给所有人听。) 我一紧张就这样。所以想象一下我在极度紧张的情况下是个什么样子吧。直播。和吉米一起直播。

吉米才开了一个玩笑,珊达就不可控制地狂笑起来,笑声越来越大,越来越大,我知道这个笑是停不下来的,我知道一点停止的机会都没有,虽然在吉米和吉米的观众面前歇斯底里地狂笑可谓荒唐透顶,事实上,正是因为他们,我才会笑哇笑哇,笑得越来越厉害,最后打起嗝来,这才止住了笑。

打嗝会死人的。这是真的。我是个冒牌医生，假模假式地写出了医疗剧。所以，我也有点医疗知识。告诉你吧，我们就是用打嗝这一招把梅雷迪斯的继母写死的，现在我也落得了相同的境地。我笑，笑完了就打嗝，打着打着就没命了。我可能在直播现场一命呜呼。这可是真死。你希望看到我把吉米推入这样的困境吗？你希望因为我，吉米落下一个杀死嘉宾的名声吗？我想你们不会这么希望。

你知道还有什么是你不愿看到的吗？

珊达吓得不由自主地流起了鼻涕。

吓得流鼻涕。

够了。

如果我上真人秀节目，就有可能发生这些事。这可不是件好事。而是坏事，很坏很坏的事。

你肯定以为我是在夸张，或是在搞笑。

你认为吓得流鼻涕这事很搞笑？闭上眼，想象一下在一千两百万人面前流鼻涕。一点也不好笑。不好笑。

好吧，我倒是从未出过吓得流鼻涕这种状况。但我是那种有可能吓得流鼻涕的人。绝对有可能。因为那很恐怖。宇宙就是喜欢这么对我、教我、管束我。小时候，我的裤子裂开，我却注意不到漏风。长大之后，我竟然会忘记剪下裙子上的价签，价签就在背上，我带着它在整个宴会上溜达，如此一来，别人不光看到我花了多少钱买裙子，还知道我穿多大尺码。我会把酒弄洒，会绊倒，会弄掉东西。在一个非常高雅的鸡尾酒会上，我在阐明观点的时候，还无意间将一块鸡骨头丢到了房间的另一边。

你听到我说什么了吗？

我在一个鸡尾酒会上将一块鸡骨头扔到了房间对面。

所有人都盯着洁白地毯上的那块鸡骨头，我则假装此事与我无关。这个故事是真的。

你哪里都不能带我去。

你当然不能把我带到直播现场，面对数百万观众。因为要是有吓得流鼻涕这回事，我一定干得出来。

而且，克里斯很清楚这一点。他知道在直播现场可能出哪些状况。他知道我对现场直播存有恐惧。

他知道，却不在乎。

他才没工夫去想吓得流鼻涕这档子事。他只是试图帮助我开创成功的事业。

纵使违背我的意愿。

多年以来，坎摩尔的人每次问我是否愿意上《吉米·坎摩尔直播秀》，我的答案都是"不"。

不。

不。

我没告诉坎摩尔的人，我之所以拒绝，是因为现场直播的节目是个危机四伏的地方。我没告诉他们，我之所以拒绝，是因为我害怕成为珍妮·杰克逊第二。或是像一条兴奋的小狗，在他的沙发上撒尿。或是还没走到沙发，就面朝下摔倒在地。更有可能送掉小命。这些可能性我一样都没提。

因为我是一位淑女，见鬼。

我只是说"我不行"。

坎摩尔的人都是大好人。

在美国广播公司的活动现场，我看着他们，表情僵硬，眼神呆滞，他们却还是冲我笑笑。

然后我就走到自助餐桌边吃东西，好把我的紧张压下去。

我很肯定，超级可爱的坎摩尔的人都觉得我是个大傻瓜。

我的公关经理克里斯并不认为我是个傻瓜。他只是觉得我这个人很讨厌。在他看来，我是一个他多年以来一直往一座山上不停地推的球。

但他依然相信，依然心怀希望。

他没有让心中的希望破灭。

他用到了故弄玄虚的字眼。我们都知道，我不能拒绝那些字眼。他们希望制作一期时长一小时的《丑闻》特辑。在大结局播出的晚上。美国广播公司听了很兴奋。对我和美国广播公司而言，现在都是一个微妙的时期。我必须做一个具有团队精神的人。如果我说不，我就是个不善团队合作的人。我之前的运动员采访就算是白做了。

你瞧，我正在谈我的下一份合同。

你明白我在说什么吗？

运动员采访必须发挥作用。

我们举着电话。我沉默下来，盼着他能懂得我的暗示，然后挂断电话，再给美国广播公司打电话，告诉他们我得了瘟疫。这有可能。我真可能患上瘟疫。我感觉我马上就要得瘟疫了。

克里斯没挂电话。他从不率先挂电话。

他也没说话。

他这是在以等待的方式挫败我。我们常这样斗个你死我活。到最后一般都是我先打破沉默。

"我不想上电视。永远都不想。"我提醒他，"永不。决不。也没有人需要看到我。他们明明能看到凯莉·华盛顿，干吗还要看我呢？"

我对此深信不疑。你见过凯莉·华盛顿吗？凯莉·华盛顿是个可人儿。

"凯莉·华盛顿刚刚才生了孩子。"克里斯提醒我。

说得对。凯莉真的在这个节骨眼上生孩子去了。从母亲对母亲的角度，我在这方面与她休戚与共。见鬼。

"那就让托尼去！贝拉米也成。贝拉米很叫人惊艳！"

我开始一一举出《丑闻》的演员。克里斯做了个深呼吸。接着他一一举出我应该上电视的原因。这些理由在我看来根本不成立。他大概说的是德语。因为我不懂德语。也可能说的是纳米比亚那种很酷的克瓦桑语，听来就像一连串的咔嗒声。

"你说的我一样也听不懂！"我发牢骚，"我为什么要更出名？我要的恰恰相反！别再跟我说这个。"

克里斯这会儿大概是在琢磨是用我的皮做件袍子，还是该把我大卸八块扔到海里，不知哪个更能叫他满意。

或许他只是在考虑用史蒂芬 · 金在《危情十日》里所写的方式打断我的腿。

我不会责怪他。我会与他对着干，但不会责怪他。我是说，我正在冲他大呼小叫。我真的在歇斯底里地对他大呼小叫。恐惧控制了我。我失控了。我能感觉到我自己发疯了，在一定程度上来说，我也很想打断我的腿。原因是这样的，伙计：你拥有了权力，且不论是哪方面的权力，都会成为一个动不动就大呼小叫的人。即便是受到了歇斯底里的恐惧的驱使。

在梯子底部时要做的是一些事情，当你爬上去后，就要做不同的事。来到梯子顶部，再做同样的事就会让你变成傻瓜。我就是个傻瓜。一个受到恐惧折磨，还很腼腆的傻瓜。

克里斯很久很久都没说话。

他大概很想像电影《七宗罪》里那个家伙对付布拉德 · 皮特的妻子一样，把我的脑袋放进盒子里。我知道。我可不想别人把我的脑袋放在盒子里。那样的话，我的脑袋一定丑死了。我紧张地听着克里斯的沉默。

但当他再次开口的时候，语气十分冷静，含有力量和胜利的因素。

他会赢，而且，他知道他会赢。

他说出了我必须去的原因：

"珊达，"他说，"我还以为你会对所有的一切都说'我可以'呢。现在看来你不过是在吹牛。"

见鬼。

一招将死。

或许我该把他的脑袋装进盒子里。

❖ ❖ ❖

我还以为说"我可以"会带来绝妙的感觉。我还以为那样能让我感到自由。就好像在《音乐之声》的开头，朱莉·安德鲁斯在巍峨的山之巅旋转一样。就好像电影《与爱何干》中，安吉拉·贝赛特饰演的蒂娜·特纳一脚走出离婚法庭，远离艾克，所剩下的不过是她的名字。就好像你烤熟了双倍乳脂软糖的巧克力蛋糕，但尚未把蛋糕送进嘴里，就开启糖果过山车，过山车不会停下，直到你在沙发上蜷缩成一团摇摇晃晃，把空蛋糕烤盘上的碎屑刮进嘴里，并且试图让自己相信，你甩掉的前男友其实还不赖。

就是这样的感觉。

说"我可以"感觉并不像烤好了但还没吃的巧克力蛋糕。

我感觉有点像赶鸭子上架。我没有选择。

我对美国广播公司有责任，还得忠于在一年里说"我可以"的决定，我把自己困住了。

我的爪子被陷阱卡住了。我可以把爪子咬断再逃跑。但你是不是觉得我现在是在哀号？你来试试看吧，没了一只爪子，只剩下汩汩流血的断肢，是个什么感觉。

眼泪。

戏剧效果。

号哭和呻吟。

我用来钉自己的十字架处在耀眼美丽的灯光下。噢，所有人都不会错过我的十字架！甚至可以从太空上看到我的十字架。

令人麻木的恐慌开始在我的整个身体里蔓延。这将会是一次恐怖的体验，会将我生吞活剥。我的左眼开始抽搐。我告诉我自己没事的，因为我很肯定抽搐的动作很微小，不会引起别人的注意。除了我自己，别人根本看不出我的左眼在抽搐。

"噢，你的左眼在跳呢。"《实习医生格蕾》的总编剧琼·雷特极其肯定地告诉我。整个编剧团队都围过来看我的左眼在跳动。

"亲爱的。"我刚刚学步的女儿艾默生捧起我的脸，严肃地对我说，"你的眼睛坏掉了。它坏了，亲爱的。"

现在看来事大了。

说"我可以"不该是这种感觉。

如果真是这种感觉，那这一年将成为我这一生中最漫长的一年。

在那个星期的周末，我坐在《实习医生格蕾》的摄影棚里。我简直暴躁如雷。不光是我的左眼在愉快地抽搐着。现在这部电视剧到了第十季。吴珊卓就要离开这部剧了。距离她的最后一集戏越近，和她在一起的每一个场景就感觉越特别。我们全都意识到，一个难得的人才很快就将走出大门，离我们而去。我来片场是为了准备一场重头戏的彩排。

为了帮助结束克里斯蒂娜的戏，以赛亚·华盛顿所扮演的普雷斯顿·伯克回归，帮了我们一个大忙。此时此刻，在这场戏里，普雷斯顿告诉克里斯蒂娜，他要把他的医院送给她——就好像威利·旺卡把自己的巧克力工厂送出去一样。在这部剧中，对克里斯蒂娜而言，这是最重要的一刻，是十季中角色成长的巅峰。她站在那里，看着那个男人，为了爱他，她差一点毁了她自己。她曾经迷失在他的轨道中，围着他旋转，渴望着他这颗太阳。为了适应他的伟大，她让自己变得渺小。现在她早已超越了他。而他是来致敬，来称赞她的。只要她点点头，"巧克力工厂"就是她的了。

在梅雷迪斯和克里斯蒂娜这对性格扭曲的姐妹花中，一个得到了童话般的结局：她得到了她应得的一切，她的才华得到了认可，梦想成为了现实。这或许不是别人想要或希望她得到的童话般结局，但克里斯蒂娜并不介意。坦率地讲，我也不在乎。克里斯蒂娜应该得到幸福。

对一个天赋异禀的女人而言，幸福就是这个样子。

在克里斯蒂娜意识到伯克交给她的是通往梦想王国的钥匙之际，吴珊卓极其聪明地表现出了表情的细微差别。我看着她用脸上的表情表现出了整个故事，便意识到了为什么克里斯蒂娜的旅途可以终结。我意识到，是时候让这个角色离开了，我很为她开心。

克里斯蒂娜学到了她需要知道的一切。她的工具箱现在是满满当当的了。她学会了不要为了满足别人的期望，便不顾自己的需要，放弃自我。她还学会了不要妥协。她学会了不安于现状。虽然过程艰辛，她还是学会了如何成为她自己的太阳。

如果现实生活能如此简单，该有多好。

但我的眼睛不再抽搐了。

我拿起手机，打给克里斯。

"珍妮·杰克逊露乳。"我告诉他，"吓得流鼻涕。鸡骨头。"

跟着是一阵良久的沉默，克里斯大概是在担心我中风了。

"嗯？"

"我不能上现场直播的节目。我可以接受吉米·坎摩尔的采访。但不能是现场直播。"我坚定地说。

我能听到克里斯的呼吸声。他可能很想就着一杯上等红酒，吃掉我的肾和肺。

"我来总结一下你的要求吧。"他紧张地说，"你愿意上《吉米·坎摩尔现场秀》，前提是不能现场直播。"

听他的语气，好像是在与一个疯子说话。或许确实如此。

但我只是看着克里斯蒂娜得到她的"巧克力工厂"。我感觉自己充满了勇气。我不会妥协。我不需要安于现状。

"一点不错。"我告诉他。

如果我必须上电视，如果我必须做接受坎摩尔采访这种可怕的事，那就必须按照我的方式去做，不然就干脆不要做。

看到了吧，我没有失去自我。

我不想要巧克力蛋糕。

我要一整座巧克力工厂。

说"我可以"应该感觉暖如阳光。

❖ ❖ ❖

我不知道这事是怎么促成的，不知道他是怎么谈的，或是偷了谁家的孩子用来威胁，我不知道我欠了哪个陌生人的什么情，根本不知道我现在和哪个军阀订了婚。

我不知道。我也不在乎。

反正克里斯做到了。

他是个能创造奇迹的人。

就这样，在《丑闻》最后一集播出的前一周，我坐在蒲伯联合事务所的场景中，和吉米·坎摩尔一起，录制时长一小时的非直播特别版《吉米·坎摩尔直播秀：〈丑闻〉背后》。

吉米对我很不错。在等待摄影机就位的时候，他给我讲了很多有意思的故事，还问起了我的孩子们。拍完一个镜头，他就会耐心地向我解释下面的拍摄内容，然后会重复一遍刚才告诉我的话，好像他很清楚我的大脑无异于老年痴呆患者的大脑，一次只能记住两三个词。他时不时就会问我还好吗。在摄影机开始录制的时候，我好像变成了一块实心的木头，不能走路，也不能说话，就算他觉得很奇怪，也没有表现出来。他只是悉心安排，不让我同时既要说话又要走动。事实上，在他的安排下，我几乎不必说话。我是认真的。不信你自己上网看看。我当时都干了什么呢?

1. 微笑。
2. 尽全力不直视摄影机。
3. 在吉米开玩笑的时候哈哈大笑。
4. 举着一个很大的玻璃杯,让斯科特·福利往里面倒红酒。
5. 虽然别人说了很多次不要直视摄影机,可我还是情不自禁地看向摄影机。
6. 听到吉米的玩笑继续哈哈大笑。

吉米包揽了一切。我什么都不必做。然而,他却做得好像一切都是我做的。所有人都觉得全部事情都是我做的。所以,做事的是他,得到荣誉的则是我。

就好像小婴儿拉便便。

大家都喜欢小婴儿。那谁来清理便便呢?我可以告诉你,肯定不是小婴儿。但没人喜欢把那块臭烘烘的尿布扔到垃圾桶里的人。

我觉得我可以把我自己比作拉便便的小婴儿。你知道我要表明的观点了吧。吉米做了各种神奇的事,好让我显得很不错。而且,因为吉米一直在做节目,一直都很出色,所以每个人只是冲他点头微笑而已。但因为我很可能吓得流鼻涕,把鸡骨头扔得满天飞,实际上却没出状况,所以所有认识我的人都为我鼓掌。

我收到了无数电话,无数电邮,无数推特网、脸谱网和其他人们接触得到的社交媒体上的留言。

有一天,我还收到了这辈子收到过的最多的红玫瑰。

这辈子。

跟"肯塔基赛马会冠军马"一样大。

送来的红玫瑰装在一个巨大的银花瓶里。这个花瓶大到摆在地上时竟然与我的肩膀一样高。甚至需要三个人才能把它搬进我家。我的女儿哈珀试着去数一共有多少朵玫瑰，但在数到九十八朵之后，便失去了兴趣。

这些难以计数的玫瑰是吉米送的。

他可不是为了求婚。

收视率数字出来了。凭借我做嘉宾的那一期，《吉米·坎摩尔直播秀》首次击败了《吉米·法伦今夜秀》。

这可是最美好的事了。

坎摩尔战胜了法伦。这表示坎摩尔一直请我上节目是无比正确的。表示克里斯强迫我上节目是无比正确的。而且，我觉得我要求录播也是无比正确的。因为若是我在《吉米·坎摩尔直播秀》化妆室一角完全崩溃了，而无法去现场直播，结果肯定不是这样。

但这些对我都不重要。不重要。我是说，我很感激吉米能高兴。我很感激我没有把他的节目搞得一团糟。但我心心念念的其实只有一件事：

我做到了。

我对一件让我害怕的事情说了"我可以"。然后，我做了这件事。

关键是我没死。

食品室的门开了一条缝。一道银色的光芒照射进来。我能感觉到一丝阳光落在我的脸上，暖暖的。

我走到克里斯身边。

"谢谢你。"我小声说。

"你说什么？我没听见。"

"谢谢你。"

克里斯咧开嘴笑了，很是得意扬扬。

我的第一个"谢谢"他就听到了。你知道他听到了。我知道他听到了。我们都知道他听到了。但我不介意。

吓得流鼻涕。鸡骨头。说错话。

我在乎的是什么呢？真的发生了。我做到了。

我没有失去自我。

说"我可以"确实感觉暖如阳光。

或许我正在建造我自己的巧克力工厂。

| 第五章 |

我可以说出全部真相

2014 年年初，我受邀加入了一个小型私人女性在线活动网。很快，它就成了我的救生索。这个组织里的女性都很聪明，做着各种有趣的事，我渴望收到她们的信件。该组织成员整天都通过电子邮件进行令人陶醉的对话。我是新成员，所以小心行事，紧闭嘴巴。我是个观察者，聆听者，行走于边缘。我从未想过要加入她们的对话。

5 月 29 日，还有大约一个半星期，我就要站在达特茅斯学院的讲台上，发表二三十分钟的毕业演讲，而观众大约有一万六千人，此时，我给该组织写了如下一封电子邮件：

发件人：珊达

收件人：组织

主题：我的死期到了

那一天就要到了。我就要做毕业演讲了。而且（太惊人了！），我竟然连一个字都还没写呢。我已经被彻底吓瘫了。那天，我一边刷牙一边听美国国家公共电台，居然听到有人（是我很喜欢和欣赏的人）说，他们最盼望讨论的就是……我的演讲，我一听到这个，就吓瘫了。

没有压力。一点压力也没有。

现在是很明显了，所有人做的毕业演讲都会被拍摄，在流媒体播出，并上传到网上，在推特网上讨论，受尽详细分析，而美国国家公共电台还有网站来专门分析这些讲话。

人们在发表这些讲话时是不会昏倒的，对吧？这种事是不会发生的吧？

你看到我写的话了吗？

我说我连一个字都还没写呢。

这是大实话。从今天算起，还有不到两个星期。

我连一个字都还没写。

一个字都没写。

我到处走，感觉白热的恐惧让我的大脑变得一片空白。失败之火已呈燎原之势，我什么主意都想不出来。

这是一场在我的想象力中蔓延的写作灾难。

我躺在我的办公室的地上。我喝红酒。我吃玉米花。我拥抱我的孩子。我准备迎来世界末日。

在发表讲话的前十天中，我在每一封工作邮件里都写了大致相同的内容：你为什么要问我这些？你难道不知道我就要发表演讲，并且会因为丢脸和恐惧而死？就让我用这段时间和我的家人好好告别吧！

我变得荒唐可笑，毫无理性。我不再大声说话。我只是发出声音而已。

"啊吧啦。"我的助手艾比问我愿不愿意去参加一个会议，我这么对她说。

"吧吧呜呜啼。"编剧们问我有没有什么故事创意，我就这么嘟囔着回答他们。

在线活动网的女性都发邮件支持我，提供建议，还提醒我摆出一个有力的姿势。

"摆出神奇女侠那样的有力姿势！"

所谓神奇女侠那样的有力姿势，就是站得像个坏蛋，双腿分开，抬高下巴，双手叉腰。好像脚下站的这块地方归你所有。好像你戴上了具有魔力的银手环，并且知道如何使用。好像你的超级英雄斗篷正迎风飘扬。

我可不是什么蠢货，告诉你我要假装自己是神奇女侠。

我说的是真的。

在线活动网让我摆出神奇女侠那样的有力姿势，并且提醒我，有研究显示，摆出神奇女侠那样的姿势五分钟，不仅可以增强自信，而且，即便是在几小时之后，也能改变别人对你的看法。

我来再说一遍。

早晨起来像神奇女侠那样站立，甚至是到了午饭时间，也可以让人觉得你比平时更不可思议。

疯狂吧。但这是真的。

真是妙极了。

（不相信我说的？那就看看 TED 演讲吧。）

我开始在每次走进电梯后摆出神奇女侠的姿势。要是电梯里有陌生人，我会特别尴尬。但我坚持下来了。我会接受所有提供给我的帮助。

我又收到了很多好主意。一个女性成员写的珍贵建议很有帮助：她希望我记住，我能遇到的最糟糕的事，不过是在台上拉裤子而已。她告诉我，只要不发生这种事，我就不会有任何问题。

说来真叫人惊讶，这个拉裤子的建议竟然让我感觉好了很多，也冷静了一些。因为我绝不会干出拉裤子这种事。我对这一点的肯定让我在夜晚可以安眠。我也能断断续续地写演讲稿了。我写在碎纸上，但随写随丢。于是我开始用手机上的记事本应用程序写。

然而，当我把这些片段汇聚在一起的时候，却并不确定我的稿子有何精彩之处。而且，我也没有时间考虑这个了。我刚刚制作完一部四十二集的电视剧。在我经历过的电视剧播放季中，这是很久以来我做过的集数最少的一部电视剧，然而，我却已经疲惫不堪。《私人诊所》在前一季就结束了，这样我就少了一部电视剧。但我多了一个孩子。一个孩子。一个实实在在的人，一个小家伙。谢天谢地，凯莉 · 华盛顿也添了个孩子，所以我感谢老天这一季的《丑闻》只有十八集。我没对任何人提起过，但如果集数更多，我则并不肯定我能否应付得来。照顾三个孩子、睡觉、工作、写剧本，尽量将所有这些事情做好，让我忙得团团转，只恨分身乏术。到了6月的这个时候，为了母亲记分卡的事，我的情绪变得十分低落。

我一向都很关注母亲记分卡。记分卡上记录了一系列想象出来的"0"分和"10"分，而评分的则是与我很像的一些想象出来的裁判。当我做得不好，记分卡上就会出现"0"分：我因为出差而错过了朗诵会，忘记轮到我为幼儿园零食日准备食物，我很腼腆、无法社交而导致我们去不成生日会。

关于母亲战争的问题，我听了不少。争论愈演愈烈：哪种抚养子女的办法是最好的，哪些行为会让你成为不称职的母亲，孩子出了"问题"后应该责怪谁，应该如何与学校配合，等等。其实这些问题都可以归结为一点：哪种母亲更能鼓舞孩子？人们一向都喜欢在杂志上讨论母亲战争。脱口秀主持人央求道：我们就不能团结起来吗？但我从未遇到别人都在谈论的问题。

唯一与我打仗的母亲就是我自己。

有个正处在青春期的女儿其实一点帮助也没有。我的女儿是个很出色的孩子，身材纤细，长得漂亮，绝对是未来的超模。只是她有一项很特别的本领，那就是雪上加霜，使劲儿扭动我插在我自己胸口上的那把刀。

"这是你第三次错过我的朗诵会了。"她这么提醒我，"那个……你有没有参加过我的科技展览会？"

我没有错过三次朗诵会，而且，上个季度我还参加过科技展览会。但她说得好像我从未参加过，还让我觉得我的确没参加过。

砰。

"0"分。

我可不是白痴。我可不是那种任由孩子行为怪诞、随意被欺负的母亲。

我自小到大都是个老派人。

我努力要成为一个老派人。

我的孩子们不是我的朋友。她们就是我的孩子。我的目标不是让她们变得和我一样。我的目标是培养出普普通通的公民。我的世界不会围绕她们旋转。我这一生中唯一出现过的直升机便是孩子们的玩具直升机。

因此，我对我女儿哈珀的回应不是紧搓着双手，眼含热泪地道歉。没有人在养我长大的同时还揉搓着手向我道歉，而我现在成为……一个作家。

"我去工作，好给你们买吃的和穿的。你想要食物和衣服吗？那就闭上嘴巴，怀着感恩之心。"

我对我处在青春期的女儿就是这么说的。

但我心里是怎么想的呢？母亲记分卡上又添了一个"0"。那把刀插得又深了一点。至于毕业演讲……我能关注此事、为其烦扰和担心的时间越来越少。毕竟现在是播出季的最后时刻，也是学期期末。

在我应该飞去新罕布什尔州汉诺威的那天，一整个清晨我都和我两个较小的女儿待在一起，接着，我前往我十几岁女儿的学校，参加年末结业典礼。我的女儿会在典礼上获颁学业奖，我知道这件事，但她还不知道。我希望能在她得知获奖之际看看她有何表情。我到的时候正好听到她被叫到名字，就在她露出欣喜表情的时候，我为她拍下了照片。一时间，我们收获了拥抱、笑容和快乐。虽然好几个星期以来我每天都提醒她，但当她听到我必须离开，还是不可避免地露出了失望的表情。我胸口的刀子再次被扭动，但我还是匆匆赶往机场。

我上了飞机，远离我真实的生活，周围是我邀请去给我打气的亲密朋友，这个时候，我才真正地开始审视我的发言稿。这时候，我才真正面对这件事。

有那么一会儿，我感觉很不舒服。我的心底有一块冰冷坚硬的石头。这篇发言稿是我一向的风格。简洁有力，诙谐幽默，活泼明快。这篇稿子高潮迭起。还有笑话，巧妙而精彩，听起来很不错。只是我实际上什么都没说。我没有透露任何事情。我什么也没有分享。稿子里没有一点关于"我"的信息。我只是在幕帘后面讲话而已。就好像是在变魔术——我张开嘴，你却没有听到我的心里话。你只是听到了我的声音。这个演讲只是又一次运动员采访。

我想象自己明天站在讲台上，看着毕业生的脸，然后呢？如果我没有说任何实质性的内容，什么都没有告诉他们，没有分享，没有给予……那这一切到底是为什么呢？我到底干什么来了？

我是不是在担心他们会看到真实的我？

我知道不光是毕业生，还有其余的世界。其余那些能听到我的讲话并判断批评的人。他们会从我的讲话中了解我的一些事。我不知道我是否希望他们了解我。因为……因为……我依旧谈不上真正了解我自己。

我知道的是我不能用这篇稿子。

我知道我不会按照这篇稿子发言。

稿子的内容不符合说"我可以"的要求。

我又把演讲稿看了四五遍。接着，我把发言稿放进笔记本电脑的一个新文件夹中，将之命名为"废物"。

然后，我开始重写。

新稿子少了一点正式的口吻，不那么一本正经和程式化。

我写的内容很随意，缺乏润色，有些地方还很不恰当。

但句句都是肺腑之言。

听来很像我。

就是我。

如果我要发表演讲，如果我要站在那里，在人们面前讲话，如果我要实现跨越……如果我要说"我可以"……

如果我要说"我可以"……

我或许还要对做真实的我说"我可以"。

不要运动员采访。

不要变魔术。

我只会讲心里话。

飞机在夜空中飞行，我写完稿子，点击"保存"。我向我自己保证，在站到讲台上之前，我不会过多地去想这篇演讲稿。

毕业典礼那天，天还没亮我就起来了。我需要跳一跳。伸展，呼吸。我用了更长时间来摆出神奇女侠的姿势。从我在汉诺威酒店的房间窗户望出去，可以看到毕业典礼的讲台。我即将站在历史悠久的老松树讲台上讲话。

日出时分，我良久地注视着讲台。

对一切令我恐惧的事说"我可以"。

我等待着恐惧和恐慌向我袭来。但它们没有到来。我耸耸肩。我知道，它们随时都会袭来。我紧张地等待着。我随时都可能因为怯场而浑身僵硬，那种熟悉的恐慌感随时都可能击中我。海啸随时都可能将我卷走。

但这次是个例外。

我很紧张。我很害怕。但仅此而已。

接下来的几小时过得如同旋风一般。拍照，毕业袍和毕业帽，握手，怀旧。我一直在等待平常那种会让我缴械投降的紧张。等待让我汗流浃背、上气不接下气的紧张。在我们向台上走去的时候，我等待着。我和其他人一起接受荣誉博士头衔的时候，我等待着。安隆院长介绍我，示意我到讲台上去的时候，我依然在等待着。

我迈上讲台的台阶。

然后……

一件特别的事发生了。

如果你看了当时的录像，就能看到那件事发生的一刻。

我站在讲台上，看着台下众人，深吸一口气。我依旧在等待恐惧、恐慌和紧张。我几乎是在呼唤它们，寻找它们，四处搜寻它们。它们肯定就在某个地方。但当我望着一众身着绿色毕业帽和毕业袍的毕业生，我看到的只有……我自己。

二十年前，我就坐在他们坐的椅子上，就在人群之中，同样穿着绿色毕业帽和毕业袍，就和他们一模一样。我认得他们。我了解他们。我了解他们脸上的表情。他们的眼睛里充满了不确定。我忽然明白了，我一直在寻找的恐惧、恐慌和紧张今天不会来找我了。它们去找他们了。他们因为茫茫前途而体会到的恐惧、恐慌和紧张远远比我体会到的要严重得多。忽然之间，我精神抖擞。我不再害怕对他们演讲。我不再害怕独自在台上站二十分钟，在他们面前表现出诚实脆弱的自己。曾几何时我就是他们。在他们的未来，他们就是我。

不管我要说什么，都不是为了我自己，也不是为了外面的世界。人们对我的讲话做何反应，如何评判，都不要紧。我的演讲对象是坐在我面前的这些毕业生。我只为他们。

于是，我长呼出一口气。

你能看到我的这个动作。

如果你看了视频，就能看到我呼出了一口气。

你能看到我的恐惧存在的最后一刻，最后一秒，最后一个呼吸。自从呼出那口气，我仿佛脱胎换骨一般。全新的我惬意愉快，心中无所畏惧。

我的整个身体都放松下来。我笑了。我感觉到了灵魂的宁静。我这辈子第一次站在台上，扬声向观众讲话，心中充满自信，没有半点恐慌。我这辈子第一次在公开讲话的时候内心充满愉悦。我是这么说的：

达特茅斯学院毕业演讲

2014 年 6 月 8 日

新罕布什尔州汉诺威

梦想属于失败者

安隆院长，各位教职人员，各位贵宾、家长、学生，各位家人和朋友，早上好，我在此向达特茅斯学院 2014 年毕业班致以诚挚的祝贺！

是呀。

说来也够怪的，我今天竟然在这里发表演讲。

我平时很不喜欢讲话。要发表演讲，不光得站在那里，面对一大群看着你的人，还需要说话。说到站着不动呢，我倒是能做得很好。但至于"你们看着我"和"我要说话"嘛……还是敬谢不敏吧，我很害怕。

其实是恐惧。

口干舌燥，心跳加速，所有的一切都好像在做慢动作。

就好像我要昏倒。或是一命呜呼。又好像要拉裤子什么的。

我是说，别担心。我现在不会昏倒，一命呜呼，更不会拉裤子。这主要是因为，告诉你们这种事情会发生，就抵消了它们发生的可能性。就好像大声说出来便如同在施咒，现在它们就不会发生了。

呕吐。我还可能呕吐。

看到了吗？现在就连呕吐也不会发生了。

抵消了。我们现在都很好。

反正重点就是我不喜欢发表演讲。我是个作家，是个编剧。我喜欢写东西让别人去说。我其实还考虑过让艾伦·旁派或凯莉·华盛顿来这里，替我发表演讲……但我的律师说了，如果强行带别人穿过州际线，联邦调查局就会来找我，所以……

所以我很不喜欢发表演讲。一般而言是这样的。因为我害怕，心有恐惧。但这次演讲呢？我是真的不愿来这里发表演讲。

达特茅斯学院毕业演讲？

口干舌燥。心跳加速。

所有的一切都进入了慢动作。

晕倒，死翘翘，拉裤子。

若是现在是二十三年前，那就不会有任何问题了。如果能回到我在达特茅斯学院毕业的那一天就好了。二十三年前，我就坐在你们现在坐的位置上，听伊丽莎白·杜尔演讲。她表现得很出色，冷静，自信。那次演讲很……不同。感觉她只是在和一群人聊天。像是和朋友们坐在篝火边谈天说地。只有莉蒂·杜尔（伊丽莎白的昵称。——译者注）和她的九千个朋友。那是二十三年前。她就好像是在和一群人聊天。

现在呢？二十三年后呢？现在可不是篝火边的闲聊。也不是只有我和你们。这次讲话会被录下来，在流媒体播出，会被放在推特网上讨论，会被传到网络上。美国国家公共电台还专门为毕业演讲弄了个应用软件。

那可是一个专门为毕业演讲而设的地方呢。

还有很多地方会评价、嘲笑和仔细分析这些讲话。这可真奇怪，也制造了很多压力。对一个讨厌在公开场合演讲、内向、追求完美的作家而言，真是太残酷了。

那天安隆院长打电话给我——

顺便说一句，我非常感谢安隆院长早在1月就向我提出了这件事，让我足足恐慌害怕了六个月。

那天安隆院长打电话给我，我差一点就拒绝了。差一点。

毕竟有可能口干舌燥，心跳加速，一切都进入慢动作，昏倒，死翘翘，拉裤子。

但我还是来到了这里。我要做这件事。我正在做。你们知道这是为什么吗？因为我在今年向自己许了一个诺言，那就是要做所有我害怕的事。还因为在二十多年前，我从河畔宿舍区穿过雪地往山上走去，到戏剧社参加戏剧排演，从未想到有朝一日我会来到这里，站在老松树讲台上，看着你们所有人，准备在达特茅斯学院毕业演讲中说一些充满智慧的话。你们知道的，这都是重要的时刻。

我来这里还因为我真的真的很想去学院附近的 EBA（Everything But Anchovies，意为除了凤尾鱼什么都有。——译者注）餐馆大吃一顿。

好吧。

现在我想说，每次有人问我要在这些演讲中说些什么，我都大胆而自信地说，我要分享各种智慧。

我撒谎了。

我自觉远远没有资格提供建议。我要说的话中也并不含任何智慧。所以，我能做的也只不过是说一些可能对你们有用的话。希望这些话从一个达特茅斯学院的毕业生传递给另一个毕业生。这些话不会出现在梅雷迪斯·格蕾的画外音或蒲伯老爸的独白中。而我现在可能不该对你们说我要说的这些话。因为会被传到网站，流媒体，并在各类网站上被拿来讨论。但我会假装现在是二十三年前。只有我和你们。假装我们是在篝火边谈心。让外界去见鬼吧，管他们是怎么想的呢。反正我已经四次提到拉裤子这个词了……我们现在就说真心话。

等等。

在我和你们说之前，我先要和你们的父母说几句。因为二十三年后的今天还有一点不一样，那就是我现在是一个母亲。所以我很了解，了解一些不同的情况。我有三个女儿。我了解养儿育女的辛苦。你们不了解这是什么意思。但你们的父母了解。你们都认为今天只属于你们。但你们的父母……是他们把你们养大……忍受你……训练你上马桶，教你读书认字，把你养成少年人，他们吃苦受累了二十多年，但没有一次恨不得把你掐死。今天……你们说今天是你们的毕业日。但今天并不属于你们。今天是他们的节日。就在今天，他们收回了他们的生活，得到了自由。今天是他们的独立日。各位家长，我向你们致敬。我的一个女儿现在只有八个月大，所以，我盼着在二十年后加入各位的自由行列！

好吧。

现在言归正传，进入我此次演讲的重头部分。或者，你们可以称之为"一个以制作电视剧为生、随性而为的校友觉得你们应该在毕业前了解的东西"。

你们准备好了吗？那就开始吧。

当人们做此类演讲的时候，一般都会说些明智且真诚的话。他们有智慧可以灌输。他们有经验可以分享。他们告诉你们：去追寻梦想吧。听从灵魂的指引。改变这个世界。留下你的印记。找到你内心的声音，让它纵情高歌。接受失败。梦想。有梦想，让梦想变得更远大。怀揣梦想吧，不要抛弃梦想，总有一天梦想会成为现实。

我觉得这纯属胡说八道。

我认为很多人都有梦想。在他们忙着做梦的时候，那些真心快乐的人，真正成功的人，真正有趣、强大且专注的人在干什么呢？他们在脚踏实地地做事。

梦想家。他们仰望天空，制订计划，他们盼望、思考，没完没了地说起自己的梦想。说话时，他们的开头往往是这样的，"我想要成为……"或是"我希望……"

"我想要成为一名作家。""我希望环游世界。"

他们梦想着。羞怯的人在鸡尾酒会上相遇，都在吹嘘各自的梦想。嬉皮士有他们的愿景板，并思考他们的梦想。你在日记上写下自己的梦想。或是没完没了地与你最好的朋友、女朋友或是母亲讨论你的梦想。感觉真的很好。你们谈论梦想，做计划。你空想生活。每个人都说你应该这么做。这是正确的吗？奥普拉和比尔·盖茨就是这么做才取得了成功，是吗？

不是。

梦想是美好的。但它们只是梦想。虚无缥缈，转瞬即逝，美妙无比。但光是做梦，是不能梦想成真的。唯一的办法是努力奋斗。只有努力工作，才能带来改变。

经验一：抛开梦想。

做个实干家，不做空想家。

或许你很清楚你的梦想是什么。或许你很迷茫，因为你不知道该将自己的一腔热情洒向何处。事实上，这并不重要。你不必知道梦想是什么，只要勇往直前即可。你必须做点什么，抓住下一次机会，在任何时候都愿意尝试新鲜事物。而那些新鲜事物不必非符合你对理想工作或理想生活的愿景。完美很无聊，梦想并不真实。一定要……实干。想想看吧，"我希望我能去旅行"——那现在就卖掉你那辆破烂汽车，买张票到曼谷去。我说真的。你会说，"我想当个作家"——猜猜看该怎么办？作家就是每天都写作的人。那就开始写吧。又或者，你还没工作呢。那就去找一份工作。什么样的工作都可以。千万不要在家干坐着，等待充满魔幻色彩的梦想机会自动送上门来。你是谁？威廉王子？当然不是。那就去找份工作吧。脚踏实地地工作。直到你可以做其他更好的工作。

我从未梦想成为一名电视编剧。当我在这座常春藤学府的空荡走廊中的时候，我从未有一次对自己说"我要当编剧"。

你知道我想做什么吗？

我想成为诺贝尔文学奖得主作家托尼·莫里森。

我的梦想就是如此。我怀揣着这个不切实际的梦想，几近疯狂，我抱着这个梦想不放。在我做梦的时候，我正好住在我姐姐家的地下室。

梦想家往往最后都会住在亲戚家的地下室，当然，这一点仅供参考。反正我就在我姐家的地下室里，我梦想成为诺贝尔文学奖得主作家托尼·莫里森。猜猜后来怎么样了？我没法成为诺贝尔文学奖得主作家托尼·莫里森。因为托尼·莫里森已经在做那份工作了，而且无意放弃。有一天，我坐在地下室，看到了《纽约时报》上的一篇文章，那上面说，考入南加州电影学院要比考进哈佛法学院更难。

我可以梦想成为托尼·莫里森。我也可以通过实干来成为她。

到了电影学院，我发现了一种全新的讲故事方式。那种方式很适合我，带给我快乐，它触动了我大脑中的开关，改变了我的世界观。

多年以后，我和托尼·莫里森一起用餐。

如果我没有终止成为她的这个梦想，如果我没有想方设法成为我自己，那我永远都不会有机会和她坐在一起。

经验二：明天也许会成为你这辈子最糟糕的一天。

在我于1991年从达特茅斯学院毕业的那天，当我坐在你们现在坐的地方，抬头看着伊丽莎白·杜尔演讲，我得承认，我不明白她在说什么。我甚至都听不进去。倒不是因为我很激动，而是因为我宿醉未醒。简直是头疼欲裂，难受得要死——

（在此我要向安隆院长道歉，因为我知道你一直在努力把达特茅斯学院打造成一所更优秀更负责的学府，我为你鼓掌，我崇敬你，你这么做很有必要……）

——反正毕业的前一天晚上我喝了个烂醉如泥。我前一天晚上喝这么多，我在骨门大学生联谊会喝了很多玛格丽特鸡尾酒，是因为我知道，毕业之后，我就得摘掉毕业帽，脱掉毕业袍，我父母就会把我的东西塞进汽车，我就得回家，大概永远都不能回汉诺威了。而且，就算我能回来，感觉也变了，因为我再也不能住在这里了。

在我毕业那天，我悲痛欲绝。

我的朋友们都在庆祝。他们在开派对。那么兴奋，那么快乐。再也没有学校了，再也没有书本了，再也没有老师们摆出厌恶的表情给我们看了，哇。而我当时的反应是，你们是在开玩笑吗？这里有你们都很喜欢的冰冻酸奶！健身房是免费的。曼哈顿的公寓比我在北麦斯的学生宿舍还要小。谁在乎这里有没有地方给我做头发呢？我所有的朋友都在这里。我的剧团也在这里。

我很难过。

我很了解这个世界是怎么一回事，清楚成年人是如何行事的，想想我就难过。

我下面要说的话会让我自己感觉很尴尬，也会让你们感觉好点。在我妈妈给我收拾东西的时候，我则躺在宿舍的地板上，号啕大哭。我拒绝帮她。我拒绝，死活不走，使用非暴力手段抗议离开这里。像个抗议者似的缓慢地走，只是没有喊口号而已——真是可怜极了。

你们没感觉好点吗？

如果今天你们的母亲在宿舍给你们收拾东西的时候，你们没人面冲下趴在脏兮兮的硬木地板上，就已经赶在我前面开始职业生涯了。你们胜利在望。

但有一点很关键。我真的觉得我了解这关键的一点。现实世界极为讨厌。而且很是可怕。

大学则是个绝妙的地方。

在这里，你们是特别的。你们上的是常春藤名校，现在这个时候，你们处在人生目标的巅峰——到目前为止，你们的人生目标就是进入名牌大学，然后从这所大学毕业。今天，此时此刻，你们做到了。哇！

在你走出大学校门的那一刻，你认为你将称霸世界，名震四海。所有大门都将向你打开，你将得到欢乐和钻石，成为社交聚会的座上宾。

而实际情况则是，在其余的世界看来，你现在只是个输家。或许他们只是认为你是个实习生，或者是个薪水很低的助手。充其量就是如此，而这真是太可怕了。现实世界在我眼里就是这么讨厌。我一向都感觉自己是个输家。而且，不仅仅是输家。我感觉自己迷失了。

所以我才要和你们说清楚这第二条经验：明天也许会成为你这辈子最糟糕的一天。

但不要做傻瓜。

这才是关键。是呀，闯世界并不容易。但困难吗？这只是相对而言。我来自一个中产阶级家庭，我的父母都是学术界人士，我生在民权运动之后，在妇女运动进行得如火如荼的时候，我还只是个蹒跚学步的小人儿，我生活在美利坚合众国，这一切都表示我可以有我的自由和权利，我可以说出自己的意见，我自己的子宫我自己做主，我考入达特茅斯学院，取得了一张常春藤名校的学历证书。

毕业之后，我再也不会感觉自己特别，到时候肯定迷茫失落，心里十分难过，而在这个时候，我看到我肚脐上的绒毛越积越多……肚脐绒毛对我而言非常尴尬。

在这个世界的其他地方，女孩子仅仅因为想要接受教育就会受到伤害。奴隶制依然存在。儿童依然会死于营养不良。在我们的国家里，因枪支暴力而丧生的人远远超过世界上其他国家的。美国针对女性的性侵犯依旧十分普遍，令人不安，而且这种犯罪事件的发生率依旧高得惊人。

所以，是呀，明天或许会让你讨厌——就跟我的感觉一样。当你看着你肚脐上的绒毛，就该有一些预判了。我们已经很走运了。我们都得到了一份大礼。受高等教育的良机就摆在我们面前。我们吃掉了所有能得到的冰冻酸奶。我们去滑雪。下午一点去 EBA 餐馆大快朵颐。我们搭建篝火，得了冻伤，享受免费跑步机。玩乒乓球扔啤酒杯的游戏玩得不亦乐乎。

出来混，迟早是要还的，现在就是时候了。

找一个你喜欢的公共运动。只选一个就好。毕竟你必须在现实世界里花费大量时间，来想办法让自己不再做个迷茫的失败者，所以，参加公共运动很不错。但只找一个即可。每星期都要用点时间来经营这个运动。

既然说到了这件事，我要说一点。标签（推特网中用来标注线索主题的标签。——译者注）什么作用也起不了。

反厌女症和针对女性的暴力

还我安宁夜

不是所有男人都那样

将被绑架的女孩子放回来

不要再假装写写标签就是采取行动了

推特网上的标签很有意思，我也很喜欢。下个星期我也会写个标签，但标签不是运动，标签不能让你成为马丁·路德·金。标签什么都改变不了。标签只是标签。你也还是你，坐在电脑前面打打字，然后继续去刷你最喜欢的电视剧。至于我，我最喜欢的电视剧则是《权力的游戏》。

主动拿出一些时间，用在与你自身无关的事情上。每星期将一部分精力贡献出来，让这个世界少几分讨厌。有人称，这么做能增加你的幸福感。有人说这是在结善缘。我说，不管你是出自书香门第，还是家中第一个上大学的人，这都能让你记住，你此时此刻呼吸的空气珍贵无比，能让你常怀感激之心，而且不会成为一个饭桶。

经验三

所以，现在到了你偿还的时候，你要实干，你要工作。生活很美好。你在创造生活，你一定能成功。这个过程刺激又美妙，至少对我而言是这样的。我钟爱我的生活。在工作上，我要制作三部电视剧；在家里，我有三个女儿。这太不可思议了。我很幸福。

总有人问我：你是怎么做到的？

而且，他们通常都会用艳羡和惊异的语气。

珊达，你是怎么做到面面俱到的？

活像我会使用神奇的魔法，拥有无尽的智慧和特异功能。

你是怎么做到面面俱到的？

我一般只是笑笑说："就是安排有序而已。"又或者，如果我想发发善心，那我会说："我有很多帮手。"

这都是真的。却也不是真的。

我很想对你们说一说这件事。对你们所有人，不光是对女性。虽然我要说的内容对女性而言很重要，因为你们要进入职场，要想办法兼顾工作和家庭。但对男性而言，这一点同样要紧。我越来越觉得男性也需要想办法兼顾工作和家庭。而且，老实说，达特茅斯学院的男生们，你们难道没有想过这个问题吗？你们应该想一想。对于该如何做个父亲，新定义层出不穷。你们肯定不愿意当个落伍的人。

所以，达特茅斯学院的各位男男女女，当你们试图完成兼顾工作和生活这个不可能完成的任务，肯定无数次听到别人说你们需要很多帮助，需要安排有序，或是需要更努力一点……作为一个成功的女性，作为一个有三个女儿的单身母亲，总是有人问我"你是怎么做到面面俱到的"这个问题。仅此一次，我会带着百分百的真诚，为你们回答。

因为只有我们。

因为这是我们的篝火边谈心。

因为必须有人告诉你们事实。

珊达，你是怎么做到面面俱到的？

答案是，我根本没有做到。

你看到我在生活的一个方面很成功，几乎就可以肯定我在其他方面很失败。

如果我在工作上写的《丑闻》征服了观众，那我可能就错过了家里的洗澡和讲故事时间。如果我在家里为孩子们缝制万圣节服装，我可能就没写应该重写的剧本。如果我去领一个很有分量的奖项，就可能错过孩子的第一节游泳课。如果我去看我女儿第一次出演学校音乐剧，那我就可能错过吴珊卓在《实习医生格蕾》中的最后一场戏。

我在这方面成功，就不可避免地在另一方面失败。

这便是取舍。

既要做个优秀的职场女性，又要做个出色的母亲，这是人与魔鬼进行的浮士德式的交换。你永远都不会感觉到彻底的放松，你永远都不会适应船上的颠簸，总有一点点恶心。

总有些东西缺失了。

总有些东西不见了。

然而——

我想要我的女儿们知道我是个工作女性，并视我为工作女性。我希望为她们树立这样的榜样。她们来到我的办公室，知道她们去的是珊达领地，便十分骄傲，我看了很是高兴。

有一个地方是用她们母亲的名字命名的。

在她们的世界里，母亲要管理公司。在她们的世界里，母亲可以支配周四晚间档。在她们的世界里，母亲要工作。我因此是个更好的母亲。在她们眼中，我有珊达领地，整天写作，我每天都要编造故事，所以我这个女人是个更出色的人，是个更出色的母亲。因为那个女人很幸福满足，是个完整的人。我并不希望她们知道我并非整天都在做那些事。我并不希望她们知道我其实并没有做到。

所以——

经验三就是，如果有人告诉你他事事都做得很完美，那一定是在撒谎。

好吧。

我担心我把你们吓坏了，我还担心我太冷酷了，这并非我的本意。我希望你们能兴奋地从这里飞奔离去，迎着风前倾身体，准备好称霸世界。那将绝妙至极。因为你要做别人盼望你做的事情，因为你即将成为达特茅斯学院优秀中坚分子的化身。

　　我觉得我要说的重点是，就算你做不到，也不要紧。我的重点是，毕业是一件很恐怖的事。你可以在你母亲为你收拾东西的时候，躺在宿舍的硬木地板上，哇哇大哭，你可以想要成为托尼·莫里森，可以有不切实际的梦想，但一定要知道适可而止。你可以每天都感觉你会在工作中失误，在家庭生活中失败。毕竟现实世界就是如此残酷。

　　然而——

　　你依旧可以每天一早醒来，说："我有三个出色的孩子，我开创了一份令我骄傲的事业，我钟爱我的生活，我绝不会用我的生活去换取别人的生活。"

　　你依旧能每天醒来，发现你自己过着从未出现在你梦想中的生活。

　　我的梦想并没有实现，但我真的很努力。我最终用我的想象力建造了一个帝国。那我的梦想呢？还是接受现实吧。

　　你可以有一早醒来，发现你很有趣，很强大，很专注。你可以有一天醒来，发现自己成了实干家。

　　你可以坐在你现在所坐的位置上，抬头看着我。或许还——但愿没有，我为你们祈祷——宿醉未醒。然后，从现在开始的二十年后，你可以每天醒来，发现自己在汉诺威酒店，满心恐惧，因为你要去发表毕业演讲了。

　　口干舌燥。

　　心跳加速。

　　一切都进入了慢动作。

　　昏倒，死翘翘，拉裤子。

　　这些可能，你选择哪个？ 2014年毕业班的哪个成员会站在老松树讲台上？我查过了，鲜少有校友会在这里发言。有我，罗伯特·弗罗斯特，还有罗杰斯先生。

　　这可真是太不可思议了。

你们当中有谁能够站在这里呢？我希望是你。是的，你。我说真的。就是你。

不。我是认真的。是你。

到了那一天，你们就了解个中滋味了。

口干舌燥。

心跳加速。

一切都进入了慢动作。

每一位毕业生，为你们取得的成就而自豪吧。好好利用你们的文凭。

记住，你们不再是学生，不再处在过渡期。你们现在是现实世界的公民了。你们有责任成为有资格进入社会、为社会做出贡献的人。

当下的你……就是真实的你。

要活得勇敢。

要活得令人称奇。

要活得有价值。

每时每刻机会都会降临。

站立于人前。

让他们看到你。你要说出你的意见，要让别人听到你的意见。

前进吧，去口干舌燥。

让你的心跳加速。

看着一切都进入慢动作。

那又怎么样？你会怎么样？

你会昏倒，死翘翘，拉裤子？

不会的。

（而且，这是你唯一真正该学的经验教训。）

你泰然接受。

你呼吸着珍贵的空气。

你感觉自己充满活力。

你就是你自己。

你真正成为了你自己，你终于成为了你自己，你一向都是你自己。

谢谢。祝你们好运。

第六章

我可以在母亲战争中投降

（或者说，珍妮 · 麦卡锡是我的一切）

我有一个超厉害的保姆。

她很出色，充满感情。她有着顽皮的幽默感，我曾亲眼见过她只是默不作声地扬起一边眉毛，便制造出了比独自表演的喜剧演员还要可笑的笑料。她有一颗敏感的心，任何人类的苦楚都能让她泪流满面。她很聪明。和她聊上几句，你就会发现自己在精神上挨了耳光。她很会分析别人的性格，似乎每次都能从赝品中发现原创精神。若是以任何不恰当的方式跨越了她的界限，或是有违她的职责，你就会体会到狮子般的愤怒。和她与孩子们趴在地上，她会耐心地教上一次又一次，直到你开了窍，想起你小时候的样子，并且开始玩耍起来。

她很有原则，立场坚定，有她在，就不可能出现任何粗鲁的行为。她虽是个成年人，却了解孩子，将她们视作正式的公民，认为她们有地位，有灵魂。她尊重孩子，所有孩子也都尊重她。她是宇宙在众星的仁慈下派来的女神。

她叫珍妮。

全名是珍妮·麦卡锡。

我并不是在开玩笑。

她和一个著名电视人同名同姓。只是我家的珍妮·麦卡锡碰巧并不认同电视名人珍妮·麦卡锡对接种疫苗的观点，她希望我说明这一点。

珍妮·麦卡锡说给你的孩子接种疫苗吧。

我见到珍妮·麦卡锡十五分钟后便聘用了她,至少是我尝试聘用她。她并没有立刻答应,她提了很多问题,她还给我面试,搞得我很紧张。我立即就知道,珍妮·麦卡锡就是我需要的人,我需要她和我的家人在一起,需要她照看我的孩子们。我想要了解她,并且想要她了解我们。正如奥利维亚·蒲伯所说,相信你的直觉。我相信我的直觉,我知道珍妮·麦卡锡就是我们需要的人。她有一颗善良的心。

有一次,为了让别人知道她是个怎样的人,我说她是新流派的玛丽·波平斯(电影《欢乐满人间》的主人公,是化身为保姆的仙女。——译者注),但事实并非如此。她可比那位波平斯小姐好多了。你有没有以成年人的身份看过那部电影?我是说,坐在座位上,盯着屏幕,以成年人的身份,去看那部电影。要我说,玛丽·波平斯谈不上是一个出色的保姆。她有的只是一个神奇的手提袋和一把无敌的雨伞。我还很肯定她吸毒,和那个扫烟囱的人上过床。

珍妮在我家开始工作的大约两个星期后,她若有所思地看着我,说:"你知道的,我也是你的保姆。因为,珊达,你需要一个保姆。"

我琢磨着她这是不是在羞辱我。我是说,她把我当成了小孩子。是吗?我本应该愤愤难平,或是感觉受到了冒犯。然而我顿时觉得轻松了很多。

我一直在前线战斗,尽全力与我的敌人斗争。但我遭到了连续猛击,被打得鼻青脸肿。不断有炸弹在各处落下,我踮着脚尖,时而向左时而向右,以免踩到地雷。我想回家。我在母亲战争中输得一败涂地。

我不知道你怎么样,但自从成为母亲后,我犯了很多错误,做过很多失策的事情……在没有孩子之前,我的自信不可能受到伤害。现在我的自信心每天都会受到打击。我不晓得我在干什么。没有手册供我参考,没有清单让我核对,没人告诉我经验教训。这些小小的人儿抓住了我,将我困在了敌人后方。我愿意上阵杀敌,但我这么做的原因是正确的吗?我担心我只是希望穿上帅气的军装。或者我只是想加入劳军联合组织,为军队高歌一曲。好吧，我的歌喉不怎么样。但我能演奏双簧管。给我个机会，我会为军队演奏双簧管。然而，我却手拿武器，上前线战斗了。我不像其他人那么勇敢。我做不到那么聪明、坚强和肯定。

你知道在过去的战争片中，总有些角色因为害怕和逃跑而中枪吧?

身为母亲的我就是那样一个角色。

我需要帮助。我需要生力军，或是更多弹药，或是一个军医，或是需要一个牧师来为我做临终祈祷，以爱的名义……

我得到了珍妮·麦卡锡。

珍妮·麦卡锡是保姆中的海豹突击队第六小队。

我都数不清有多少次一些不错的记者将破烂的银色小录音机举到我面前，打开开关，露出亲切的笑容，提出我口中的重大问题:你是如何兼顾工作和家庭的?有哪些秘诀可以传授给职场母亲?你在这个忙碌的世界中找到平衡，有何秘诀?

每次接受采访，我都会遇到这些重大问题。我讨厌这些重大问题。我讨厌被问到这些重大问题，几乎和我讨厌被问到多样性问题一样多——"为什么多样性如何重要?"(我将之评为地球上最愚蠢的问题之一，与之并肩的还有"人为什么要吃饭呼吸?"和"为什么女性应该是女权运动者?"等问题。)

我虽然憎恶重大问题，却不愿意对提出这些问题的出色记者无礼相待。我觉得记者们问这些问题并非存有恶意——我想人们是真的好奇。只是在开始说"我可以"之前，我真的不知道该如何回答。于是我只是对记者笑笑，说出很多奇奇怪怪又各不相同的答案。

"简，做了大量组织工作，还做了很多标签。"

"我洗衣服洗到很晚，苏珊。"

"见鬼，比尔，我早就开始经常沉思了!"

是呀。叫醒三个孩子穿衣服，一天工作十二小时，打电话给孩子的家庭教师，利用我仅有的十分钟预约好看医生和玩耍约会的时间，然后回到家，发现我一岁大的女儿终于会走路了，而我却没有见证那一刻，而洗衣服到很晚是针对这一切的治愈良药。

洗衣服到很晚，去他的吧。

对于任何问题，洗衣服到很晚都算不上真正的答案。

对于记者提出的所有重大问题，倒是有一个答案。

我只是不愿意说出来而已。

因为别人都没说。

我看过不少关于职场女性的书，有的书还是出自职场女性之手，有件事让我很是惊讶，那就是没人愿意谈到家里有帮手。而我认为这对在家没有帮手的女性而言一点帮助也没有。

我现在要举一个关于发型的例子来说明一下这个问题，只是例子有些怪，而且看似没有关系：

愿上帝保佑惠特尼·休斯顿的灵魂，我上高中的整整四年，每天早晨都要花上一个钟头站在镜子前面，尝试把我的头发鼓捣成惠特尼的发型。我生命中的无数小时就这么在滚烫的卷发棒、发胶和烫伤的指尖中虚度了。对我而言，惠特尼的头发代表着完美。作为一个十几岁的少女，戴着和可乐瓶底一样厚的眼镜，在学校很少说话，将全部时间都用来看书，我的生活与完美根本不挨边儿。不知怎的，我就是相信，只要我能把头发弄得和惠特尼的头发一样，一切就会变得更好。如果我的头发完美无瑕，我的生活也将随之变得完美无瑕。因为很显然惠特尼已经做到了。

大学毕业的五六年后，我在洛杉矶的一家发廊做头发。不知怎的，人们竟然聊到了惠特尼。我若无其事地向我的发型师提起，我上高中时迷死了她的发型，还添油加醋地说了我每天早晨摆弄惠特尼发型的故事。我把那件事说得凄凄惨惨，还形容我很有决心，把整个故事说得很有意思。铺设铁轨，点燃篝火。就这样，时至今日，我的发型师回忆起当时的情形，依然笑得眼泪直流。

"姑娘——"她摇着头说，"你知道她戴的是假发，对吧？你要是喜欢，也可以买一个。等等，我去拿假发目录给你看看……"

我没听到她后面的话。我迷失了，想着我竟然浪费了这么多时间和无数发胶。我再次体会到了每天早晨无论我怎么折腾，都不能把头发弄成理想模样之后，感受到的避无可避的悲痛、挫败和不安全感。

如果我早知道……如果早有人告诉我……不管我多努力，我的头发都不可能变得和惠特尼的一样……

如果我早知道，就连惠特尼自己的头发都不可能变成那样……

我紧紧咬着嘴唇，才没有在两位陌生的女士面前号啕大哭起来。

邪恶沙龙可不是玩笑——我在那两位女士对面至少还要再坐五个钟头。我可不愿意别人提起我时，说我是"那个傻瓜，居然一边做头发护理，一边哭天抹泪"。

我没有哭，心里却很难过，体会到了一种深深的背叛。

然而，我不得不承认，我微微地松了一口气。

因为现在我知道我没有失败。

我只是没有假发而已。

成功且能力卓绝的职业母亲对如何照顾家庭保持沉默，表现得她们好像分身有术，好像她们拥有赫敏那样的时间转换器，可以同时出现在两个地方……她们让其他人都拿出了卷发棒。

千万不要这么做。不要无缘无故地让我拿出卷发棒。

珍妮·麦卡锡是我家的保姆。而且，只要有人问起，我都很骄傲地这么说。我很骄傲地宣告我并不是独自揽下重担。

在我看来，能力卓绝的名女人隐瞒她们雇有保姆或在家有类似帮手，是因为她们虚假刻薄。我是说，这些女人并没有在家里嘲笑所有美国人虽然尽力兼顾家庭和事业，却无法做到，因为他们并不清楚其中的秘密：没人能面面俱到！哈哈！我们欺骗了你们！烂人！

我甚至并不认为我的偶像是出于这个原因，而没有告诉我们她戴的是假发。

能干的名女人并没有大声宣布她们在家里有帮手，没说她们雇了保姆、管家、厨师、助手和造型师——反正就是能够维持她们的世界运转的帮手，她们没有大声说出她们雇人在家里干哪些工作，因为她们觉得难为情。

或者说别人认为这些女人如此说会很丢脸，要更为准确一些。

在我的女儿哈珀出生之前，我一直在填写一堆堆的领养文件，对社工微笑以对，对商店里的宝宝衣服着迷不已，收养一个孩子是我想到过的最棒的主意，正是在这个时候，一个工作上的朋友问我找了没有。

"找什么？"我记得我这么问她。

"你知道的，就是照顾孩子的保姆哇。"她刚刚生下了一个男孩，那孩子还不到六个月大。我还记得她当时说这话的样子。她坐在椅子上向前探身，显得很紧张，而我觉得谈论这样一个话题本不该这么紧张。仿佛她是在告诉我一件非常重要的事，不过她说的事的确重要，她也觉得是这样。

她纯属浪费时间。

对于一个话题，我只在毫无经验之际对自己最为肯定。可以预见我不会有自己的孩子，而我则异常确定我可以做好一个母亲。

如果我能扇自己一巴掌，那我一定会穿越时空，照我自己的脸狠狠抽上一巴掌……

因为我做了下面的事……

你瞧，这件事当时感觉没什么。我得为自己辩解一番，毕竟我那时还不是母亲。我还不知道。我还很天真！

只是天真不是借口。

我接下来做的事很残忍。现在，我在母亲这个敌人后方战斗了十三年，根据我现在的处境，我可以很肯定地告诉你：任何法庭都会把我做的那件事称为战争罪。我接下来发动了一场猛烈的情感伏击，让我那个手无寸铁的姐妹当场就受了重伤。

我看着我的朋友。她累得都生出了黑眼圈。我很肯定她已经好几个星期没洗头发。她之前还用婴儿湿巾来擤鼻涕来着。我注意到了所有这一切。然后,我说:

"我为什么要雇别人来照顾我的孩子?我是说,我说真的。那样太懒惰了。如果我不愿意亲自照顾我的孩子,那我一开始为什么要领养孩子呢?"

我感觉自己义正词严,再正确不过了。

她的表情立刻紧绷起来。我们之间的氛围也变了。我被她的怒火吓了一大跳。

妈妈,冷静,妈妈,冷静。

我无法一字一句地向你讲述那顿饭是怎么结束的,我们还说了什么。但我可以告诉你,她再也没和我说过话。

一句都没有。

后来我才明白个中的意味。我用斯纳格利牌背带把八周大的哈珀背在胸前。我浑身都是汗,至于我的头发,大约一个星期前还是可爱的圆蓬式,现在则不是一个脏字能形容的,我的头发缠结在一起,乱七八糟,若要恢复原样,不仅要受一番苦,还得耗费不少时间。我身上的睡衣前襟上有一块婴儿食品渍,现在都变干发硬了。这块又干又硬的东西散发出一股我从未闻过的臭味,正好可以当驱虫剂。我坐在电脑前面,一会儿累得抽噎几声,我很肯定我能看到空气在房间里像蓝色波浪一般起起伏伏,一会儿写几句还有不到一个月就必须交工的电影台词。

我愚蠢就愚蠢在这里了。我领养了一个孩子,却还是同意一个月后拿出一部电影剧本。

如果你没有孩子,那请相信我:这么做可以说是愚蠢到家了。

那天晚上晚些时候,克里斯托弗来了。这位是克里斯二号,与我的公关经理克里斯不是同一个人。很久很久以前,我和这个克里斯是室友,那时候我们两个都穷得叮当响,都在挣扎生存。现在他是一名律师,已经娶妻生子，儿子很可爱。他结婚的时候我为他当"伴郎"，他是哈珀的教父，并且对待这份工作十分认真。在过去的十二年里，他每星期日早晨都会出现在我家门前，来陪伴他的教女。每个星期日，风雨无阻。他是在星期六结的婚，转天依然到我家来了。我让他回家去。他则告诉我今天是星期日，语气不容置喙。他不仅仅是朋友——他是我们的家人。

所以当克里斯二号那天晚上来的时候，他看了我一眼，便把孩子从我怀里抱走。他对我笑笑，人们只有对眼神疯狂而呆滞的人才会这么笑。而且，闻到我身上的味，他还退后了一大步。

"去洗个澡吧。我和哈珀要去看看 ESPN（娱乐体育节目电视网。——译者注）频道的节目。"

一小时后，我醒了过来，依旧在淋浴室，此时已经冷掉的水冻得我一激灵。我心想："我需要帮助。我需要雇一个帮手。我需要雇很多帮手。不然我就会失去工作，那样的话，我和我的孩子就要饿死了。我必须雇个帮手，要不我就完蛋了。"

我突然想到了我的那个朋友。

我想到了我当时对她说的话。

妈妈，冷静，妈妈，冷静。

我想到了我当时对她做的事。

我羞辱了她。

我们都被教导过要知羞。为什么我们没感觉羞愧？我们怎么才能不觉得羞愧？

我们不应该有任何帮手，我们应该一力承担，即便我们还要工作。如果你有孩子，你会找帮手来照顾他们吗？

我真为你感到难为情。

这样说真是太……粗鲁了。

还有些性别歧视。

我和卡特琳娜·斯柯松（碰巧在《实习医生格蕾》和《私人诊所》

中扮演艾米莉亚·谢博德）花了很多时间大声讨论这件事。

"男人找帮手来照顾家庭和孩子，"她常这样说，"永远都不用为此道歉，永远都不用。为什么我们就该道歉？"

她说到重点了。为什么我们就该道歉？

我是说，让我们都记住一点，对大多数女性而言，留在家中都谈不上一种选择。大部分女性必须去工作。除了那些很富有或是得到别人资助的女人，绝大多数女人都一定得工作。从历史上来看，女性一向都必须工作。女性要耕田，做女仆。女性要抚养其他女人的孩子，做护士。女性到工厂里做工，当秘书、女裁缝和电话接线员。

过去有一点不同，那就是人们和家人住得很近。你母亲可以照顾你的孩子。你的阿姨可以照看你的孩子。你的姐妹，表姐妹，她们通通可以照顾你的孩子。对一些人而言，这很正常。对大多数人而言……你都需要帮助。这个国家的儿童抚养危机已经十分严重，而且恐怖、昂贵。要处理很多麻烦事。我敢打赌，你现在正因为努力做到面面俱到而焦头烂额，一点也不会感觉良好，无法同时兼顾工作和家庭。

所以，如果人们拿起这本书，看到我乐呵呵地在两边腋下各夹着一个咯咯笑的学步娃儿，轻轻松松地来到我的办公室，为目前的两部电视剧写剧本，制作另外两部电视剧，同时还在开发其他电视剧，此外，我还谈笑风生，和名人一起喝香槟，吃着美食还不会发胖，这对任何人都没有帮助。

若是老以为惠特尼的发型是真的，可谓一点帮助也没有……

不要把母亲甩在后面，士兵们。即便是有了帮手……我依旧在壕沟之中。没有人能解决这件事。

只是，难道不是感觉好像别人想到了解决办法吗？

我不晓得你怎么样，但我一直认为我并不合格。我始终都很担心我是个失败的女人，我想知道我是不是，我感觉自己就是，因为我无论向哪里看，都能看到别人过着红红火火的日子。我周围的女人都在笑，她们的孩子也在笑，她们的房子显得那么整洁，在照片分享网站Pinterest、应用程序Instagram和社交网站脸谱网上，她们的家看起来是那样井井有条……

我不是个"样样出色"的母亲。我只是个"勉强维持"的母亲。

我是个把一切都弄得一团糟的母亲。

我在共乘车道上依然穿着睡衣。

还是脏睡衣。

在很久很久以前，在我女儿上过的一所学校里（谢天谢地，她不再上那所学校了），我去参加所有学校在夏季学期期末都会举行的返校会议。校长先发表了温暖和振奋人心的欢迎词，然后邀请学生家长和教师联谊会负责人上台。此时的负责人是一位学生家长，一个母亲，和其他母亲没有两样。如果其他母亲也个子高挑、光彩夺目、聪明绝顶、在各方面都很完美（我这是实话实说）的话。

完美的负责人母亲兴高采烈地开始给我们讲星期五轮流糕饼义卖有哪些注意事项，还说希望我们所有人都能参加。（又说起了为什么我们要给孩子吃烘焙甜点，为什么要买糕饼给他们筹款，尽管每每想起这所学校的学费，我都会不由自主地哆嗦起来……只是这些原因我都不甚明了。但每星期都会有糕饼义卖，而我们必须参加。完美的负责人母亲就是这么说的。）

"最后，"这位负责人母亲最后说道，"为了避免去年的问题，我希望说明一点：所有烘焙食品必须亲手制作，还要和孩子们一起动手，那样会更好。"

大概是因为我体内具有西部人的特点。

也可能是我掌握的常识。

还可能是我心中那个乱糟糟的母亲在作祟。

反正就是某些东西突然冒了出来。

我竟然下意识地张开嘴，大声说了一句响彻整个礼堂的话。

"你在开玩笑吗？！"

我的声音很大。真的很大。

人们纷纷扭头看向我。你可以试试看在孩子的学校里做那样一个母亲是什么感觉。我甚至都不知道我会这样做。但我这么做了。我疯了，我受到了侮辱。

我有一份很耗时的工作。我爱我的工作。就算拿全世界来交换我的工作，我也不换。作为一名作家，我一天二十四小时都要想着我的工作。我做梦都梦到我的电视剧。这份工作让我体会到了出乎意料的痛苦。然而我热爱我的工作。热爱急迫的感觉，热爱铺设铁轨，热爱这份工作。

我要工作。我有一份事业。

有工作的人往往没有时间烘焙。

"但做母亲也是一项职业，珊达。"

我能听到人们看到这里时这样说。

你知道我对这样的话会如何回答吗？

不。

不是的。

做母亲不是一项职业。

别再落井下石了。

我很抱歉，但真的不是。

我觉得说做母亲是一项职业是对母亲的冒犯。

母亲是人。

而我就是母亲。

你可以辞掉工作不做，我却不能辞掉母亲不做。我永远都是一个母亲。母亲全年无休，母亲永远没有休假。做母亲给我们重新下了定义，彻底改造了我们，毁了我们后又把我们重建。做母亲让我们把自己当孩子，把我们的母亲当成一个人，去面对我们最黑暗的恐惧：真实的我们到底是怎么样的。做一个母亲，要求我们调和身心状态，不然的话，就有可能给另一个人造成一生的困扰。做母亲要求我们掏心掏肺，一颗心都系挂在我们的小人儿身上，并将我们的心送到外界，当抵押品。

如果工作中也会出现这些情况，那我早就辞职五十次了。因为这世上没有足够的钱来支付这样一份工作的薪水。而且，工作也不能让我闻到宝宝脑袋的味道，也不可能让学步的娃儿趴在我的肩上熟睡，感觉到软绵绵的小小身体。做母亲异常重要。对于那些说风凉话的人呢，我要咆哮一句话，那就是不要用一句做母亲是工作就抹杀这一切。

而且，求你了，千万不要说这是我做过的最重要的工作，以求借此说服我，让我整天留在家里看孩子。

千万不要。

不然的话，我会给你的鼻子来一拳。

一个女人若是需要付租金、汽车罚单、水电费，需要买生活用品，那对她们而言，最重要的工作则是能支付给她们薪水，让她们养活家人的工作。

蹩脚且凭空想象出来的女性崇拜将为人母当成了工作，我们还是不要继续沉溺于这种无稽之谈了。

留在家里看孩子是个难以置信的选择。如果你做出这个选择，人们一定会觉得你很棒，称赞你。快去吧。

就算不在家里看孩子也可以做母亲。就算你去工作，也可以做母亲。就算你是个游骑兵，要驻扎海外，孩子在家里，由你的父母照顾，你也可以做母亲。

依旧可以做母亲。

做母亲依旧不是一份工作。

外出工作或留在家中，都是母亲。

一个并不比另一个更好。这两个选择都值得得到同样的尊敬。

不管是哪一种，做一个母亲都是充满艰辛和痛苦的挑战。

的确如此。

让我们暂时放下武器，可好？

或许你认为在家里烘焙食物对孩子的个人成长至关重要。给你更多的权利，我的姐妹。我誓死捍卫你烘焙巧克力蛋糕的权利。为了你能烘焙你想烘焙的食物，我会为你上街游行。但是，如果你告诉我，我必须按照你的方式来做母亲，那我会摘掉耳环，请别人拿着我的手提袋，与你争个明白。

这个世界足够大到可以容得下每个人。

母亲这个帐篷很大很大。

如果我想要从好市多超市买巧克力蛋糕，放在一个皱巴巴的牛皮纸袋里，而牛皮纸袋则装在贴着橙子价签的塑料锡箔盒中，猜猜会怎样？

那它就该被接受。

接受现实吧，各位法官。

我并不是让你去这么做，你大可以去烘焙你的蛋糕。但我们必须承认我们的方式各有不同。

我有没有评价你那制作精良、非常新鲜、双倍软糖、亲手撒上糖霜的巧克力杯形蛋糕？我有没有评价你那带有漂亮交织字母图案的杯子蛋糕托和你身上那件配套又很硬挺的围裙？

不，我没有。

因为你是我的姐妹。

还因为我要吃掉你所有的杯子蛋糕。

你瞧，我为我的孩子们付出。我深爱她们，但我的爱与任何手工烘焙的蛋糕半点关系也没有。与公开秀伟大的母爱毫无关联。因为——现在你已经很了解我了——不可能让我去公开展示任何惊人的东西。我会了解我的孩子，和她们一起读书，听她们给我讲故事，与她们谈心，让她们成为这个世界的公民。我要把她们培养成坚强的女性，热爱并相信她们自己。就算不在星期五将手工烘焙的糕饼送到学校，那于我而言也是一项足够艰巨的任务。

我永远不会给别人扎出漂亮的辫子，永远不会熨烫别人的衣服，洗衣服我倒是做得好。至于熨烫？我不会做。我们从不曾在假期制作特别的手工，然后拍照上传到 Pinterest 和脸谱网。

永远没有。

没有。

我一直对星期二上午十一点进行的母亲行动愤愤不平。仿佛职业母亲毫无价值，或不受欢迎。

在学生家长和教师联谊会上，如果你告诉我必须要手工制作的巧克力蛋糕，那我的回答永远都只有一个："见你的鬼去吧！"

我早就已经处在母亲大战中了，而我的最大敌人就是我自己。我不想再与你展开战斗。我打赌你也不想。

斯泰西·麦基（《实习医生格蕾》的几个新总编剧之一，一开始她只是这部剧的助理编剧）就是那种和孩子们一起做手工，然后拍照片上传到 Pinterest 和脸谱网的母亲。她的工作时间长，也很辛苦，但当你来到她的办公室，会发现她一边讨论剧本和故事情节，一边用热熔胶将小珠子粘在她女儿的公主披肩上。我总是紧皱眉头，问她为什么要这么做。为什么？为什么她要在复活节彩蛋上小心翼翼地手绘图案？为什么她要为她的孩子们做许许多多奇妙的手工？看在老天的分上，为什么？

斯泰西也皱起眉头看着我，同样迷惑不解。

"为什么我不该做？"她说。

瞧见了吧，斯泰西喜欢做这些事。就算没有孩子，她大概也会这么做。噢，等等。她没孩子那会儿我就认识她了，她那时的确会做手工。斯泰西曾花了好几天时间，用烟斗通条为《实习医生格蕾》的每一个角色做了栩栩如生的玩偶。

烟斗通条呢。

所以这与职业母亲和全职母亲之争毫无关系。这是喜欢用热熔胶把珠子粘到斗篷上的人与甚至都不晓得热熔胶为何物的人之争。

这么说也不对。

这有关不会用喷胶枪的人并不认为会用喷胶枪的人在评价他们，反之亦然。或许不要一开始就举起武器。或许那个完美的负责人母亲并没有意识到手工制作巧克力蛋糕是个难题。或许不该在别人提到手工制作巧克力蛋糕的时候张嘴骂人，更好的办法是站起来，轻声指出并非所有人都有那个时间或灵活上班时间去做巧克力蛋糕。

在你这么说之后，别人若摆出傲慢的态度，你再骂人也不迟。

今年在艾默生的新幼儿园里，我负责准备学期末派对的蛋糕。我很幸运，找到了一家烘焙店可以把照片印在蛋糕上。我不晓得他们是怎么做到的，我也不在乎。我找这家店订了个蛋糕，带着从店里买来的好看的蛋糕去派对。孩子们看到糖霜，都笑了起来。所有人都惊讶不已。我感觉到了一种胜利的快感，是那种"令人作呕、充满竞争、不允许玩填字游戏、开始一场秀母爱团队运动"的胜利。接着有人问我切蛋糕的刀子在哪里。

我带来了蛋糕。

却没拿切蛋糕的刀子、放蛋糕的盘子，也没拿任何餐具。

若是换作另外一所学校，这或许就会成为一次国际重大事件，并且会上升到核战争级别，军械库中的武器都会被取出，准备战斗。

但此时此刻在这所学校呢？

我说："嗯，蛋糕很漂亮。"

别人听了我的话，都哈哈笑了起来。很友好的笑。

随即有人笑着说："小事一桩，我这里有切蛋糕的东西。"

接着大家都行动起来。每个人都分到了蛋糕，不一会儿就吃光了。所有人都记下了蛋糕盒侧面上印着的蛋糕店的名字。就是这样。

这些母亲没有把任何母亲甩在后面。

我喜欢这里。

我并不认为她们和其他学校的妈妈有任何不同，不同的是我。所有的母亲都很伟大，只是我之前没注意到这一点而已。现在，我不再寻找敌人，所以我的眼中便不再有敌人。

就这样，终于在这一年，我允许自己彻底放下武器。

有记者打开录音机，笑着向我提出那些重大问题，我没有调集部队，也没有举起盾牌。

我将自己展现在人们面前。

"你是怎样兼顾工作和家庭的？你有什么妙招提供给职业母亲？在这个忙碌的世界中寻找平衡，你有何秘诀？"

是的，我现在可以回答了。

没有热熔胶。

没有手工烘焙的糕饼。

没有深夜洗衣服。

不会把任何母亲甩在后面。

"因为珍妮·麦卡锡。这一切都是她干的，因为我有珍妮·麦卡锡。"

我感觉棒极了。

当然了，提问的记者被我搞得稀里糊涂，不明白为什么珍妮·麦卡锡在我的生活中这么重要。

但我不在乎。

我在挥动白旗。

投降也是一种胜利。

放下卷发棒吧，我的姐妹。

母亲战争现在结束了。

第七章

我可以只玩不工作

随着说"我可以"的一年一天天向前推进，事情有了些变化。

我更忙了。

越来越忙。

越来越忙。

我对越多的挑战说"我可以"，我待在家里的时间就越短。说"我可以"将原本包在茧中的我变成了一只忙于社交的大蝴蝶。

我飞去纽约看凯莉·华盛顿客串主持《周六夜现场》；我去参加私人派对，里面的人个个妙趣横生。我为民主党全国委员会举办了募捐大会；我帮忙主持慈善活动。那一年还有很多颁奖活动，因为由黑人女性主演的周四晚间电视剧不止一部——而是两部。而且，周四晚间播出的三部电视剧都是珊达领地制作的。我的公关经理克里斯聪明地利用了我说"我可以"这一点，在我的行程允许的情况下，尽可能多地为我安排采访。我第一次上了罗宾·罗伯茨的《早安美国》。我和《丑闻》的演员一起上了脱口秀《观点》。我让摄影师安妮·莱柏维兹给我拍了照片。我在史密森学会当着观众的面接受了现场访谈。我感觉自己无处不在。

的确如此，无处不在，除了家里。

这也说得通。所有对我而言构成挑战的事都发生在家以外。那在家中呢？还不错。

至少我是这么以为的。

我是说，我依旧是个乱糟糟的母亲。我依旧忙于工作。我依旧需要

珍妮 · 麦卡锡照顾我和孩子。我依旧需要帮助。我依旧睡眠不足。

但我真的认为我干得不错。

只是，我开始觉得自己……成了外人。

在自己的家中成了一个外人。

我回到家，艾默生和贝克特会向我这边看一眼，冲我点点头，然后继续玩。活像我是隔壁一位好心的邻居。又或者，我问哈珀她在和哪个朋友讲电话，她就会白我一眼，我这才意识到我错过了一整个星期里值得讨论的话题——对青少年而言，一整个星期就跟一辈子差不多。

然后，我撞上了一堵情感的墙壁。

一天晚上，我精心打扮完毕，穿着礼服，梳着优美的发型，化着精致的妆容，借来的钻石项链和手链在我的脖子和手臂上闪闪发亮。我要去参加一个我应允参加的活动。就在我穿过门厅向前门走去的时候，我的女儿艾默生从后面跑了过来。

"妈妈！"她大声喊道，伸着黏糊糊的小手，"想玩吗？"

有那么一刹那，我感觉时间仿佛静止了。就好像在动作电影中，一切都进入了慢动作，跟着旋转起来——然后英雄帅小伙（不知怎的，在时间静止、慢动作、转来转去的动作电影里，总是有帅小伙）就去踢某人的屁股。但我眼前只有艾默生，一绺鬖发在脑顶梳成马尾，看起来很像翠迪鸟。她先是一动不动，跟着慢慢地向我走来，然后整个房间开始旋转，我能看到我自己：蓝色礼服，黏糊糊的小手，那个孩子向我猛冲过来。

她问了我一个问题。

"想玩吗？"

我要迟到了。我打扮得完美无瑕，身着优雅的盛装。这件衣服是卡罗莱娜的作品。我穿的鞋子带有深蓝色花边，穿着很不舒服，但见鬼，我穿上却十分好看。过一会儿我会上台发言，我为向一个朋友致敬而给这个特别夜晚撰写的发言稿不光有意思，还充满活力、感人至深。我知道那将会成为特别的一刻，会在第二天成为整座城市谈论的话题。我的手机一直在响，是克里斯，我的公关经理打来的。我此时都应该到了。但是……

"想玩吗？"

圆圆的笑脸，充满期待的大眼睛，丘比特红色的嘴唇。

我可以俯下身，在她碰到我之前抓住她的手。轻轻吻她一下，并且告诉她："不行，不行。妈妈现在要出门了，妈妈不能迟到。"

我可以这么做。

我有权这么做，这又不是什么前所未有的事情，不会有问题的，她会理解。

但在那静止的一刻，我忽然意识到一件事。

她没有喊我"亲爱的"。

她不再管所有人都叫"亲爱的"了。

她变了，就在我面前发生了改变。去年感恩节还被我抱在怀里的这个孩子再过生日就三岁了。

我错过了。

如果我一个不小心，她看到我出门时的后脑勺要比看到我的脸的次数还要多。

所以，就在那一霎，一切都改变了。

我踢掉穿着生疼的高跟鞋，跪在硬木地板上，晚礼服在我的腰间隆起，很像一颗深蓝色的糖果。这样会弄皱裙子，但我不在乎。

"想玩吗？"她问。

"是的。"我说，"是的，我想。"

我抓住她黏糊糊的小手，艾默生坐在我的腿上，看到我的礼服在她周围蓬松飞起，高兴得哈哈直笑。

十五分钟后我来到会场，那件深蓝色晚礼服已经皱皱巴巴，高跟鞋被我拿在手里。但我不在乎，我的胸腔里洋溢着快乐，我早已忘记了还会有这种温暖的感觉。我心里那一小团火被重新点燃了，像是魔法一般。

我不会让它再次熄灭。

那团火就是爱。就是爱。

我和艾默生一起玩了，贝克特和哈珀先后加入了我们，我们笑得很开心。我声情并茂地给她们读了有史以来最好的书《大家都来拉便便》。我们还把《头，肩膀，膝盖，脚趾》这首歌改成了时髦的迪斯科舞曲版本，一起又跳又唱。

我们还吻了彼此，虽然我们的吻黏糊糊的。贝克特好奇之下把手指伸进了我的鼻孔。艾默生把脑袋贴在我的胸口，听我的心跳。然后，她严肃地对我说："你还活着。"

是的，我还活着。

在像今天这样的日子，我依旧活着。

伊迪娜·门泽尔在《冰雪奇缘》里唱的那首歌超棒，就跟花衣魔笛手的乐声一样，吸引了所有孩子，我们每天都唱这首歌，今天也不例外。唱完歌后，我钻进汽车，去参加活动。我很幸福，心中溢满了温暖的快乐，感觉自己发生了彻底的改变。好像我掌握了一个很少人知道的秘密。

但实际上那就是爱。根本没什么秘密可言。

只是我们忘记了而已。

我们都可以付出多一点爱。

更多的爱。

我并非生性乐观之人，我盼着自己始终是快乐的源泉，我必须在工作中感到快乐。我的大脑喜欢沉浸在幽暗扭曲的地方，所以我可以使用某个提醒物来提醒我这世上哪些是美好的，哪些是乐观的。而最好的提醒物，则是我的小人儿的脸庞和灵魂。

❖ ❖ ❖

那天晚上我回到家，走了我称之为好莱坞单身母亲的环节，也就是强迫距离我最近、依然醒着而且身高四英尺以上的人，帮助我脱掉几小时前我那个迷人的团队给我穿上的裙子和内衣。有段时间，在纽约，这种任务都要由可爱的酒店服务员来完成。有几次是我的电视剧里的演员救了我。有一次在玛莎葡萄园，我不得不请那位在当天下午当我司机的老先生来帮忙。

（你是不是在评价我？我从你脸上看出来了。啊哈。我在本书开头说了什么？你肯定不是直接翻到这本书的中间并评价我的。毕竟要是不找人帮忙，我就得穿着白色鸡尾酒礼服睡觉了。）

谢天谢地，这次我可以让我的保姆来帮我。我还穿了紧身胸衣，空气刚一流进我的肺中，我就穿上一件睡袍，把脸探进屋，去看我那三个睡着的孩子们。

我看着女儿，心中做了一个决定。

艾默生、贝克特和哈珀不管什么时候问我（以她们自己的方式）"想玩吗"？

我的回答永远都会是"想"。

此心从未改变。

因为，如果我不得不找个陌生人来帮我脱裙子，那我起码要做一些我喜欢的事。我至少应该在她们的脸上看到快乐的表情。

得到更多一点爱。

所以这就是我要做的事。

我真的这么做了。

想玩吗？

从现在开始，我的答案将永远都是"想"。

我会放下手边做的所有事情，和孩子们一起玩。

这是一条规矩。不，对我来说这不光是一条规矩。我将它定为律法、准则，经典中的文句，是一种宗教，必须严格遵守、践行，而且要带着满腔热情去做。

我做得并不完美。

但发自真心。

而且毫不迟疑。

把这一点作为最坚定的规则，使我摆脱我自己加诸自己身上的一些工作压力。让我知道，我说"没有选择"，其实意味着我并不愧疚于自己不再做工作狂。当我正要出门去办公室，却听到"想玩吗"这句有魔力的话，而把手袋和外套丢在地板上，我一点也不后悔。这句话让我脱下鞋子，坐在粉色小茶几上画小兔子，和不幸只剩下一只眼的布娃娃玩，或是盯着花园中的蜥蜴看。

让十来岁的少年明确表态简直难如登天——你若是也有一个处在这个年纪的孩子，就会明白我的意思了。我至今仍清晰记得自己十二岁时的样子。我有时候很好奇我的父母怎么能允许我活着。在那样一个年纪，父母的存在都很尴尬。显然一个十二岁的孩子从来不会说"想玩吗"。但和哈珀相处，我已经学会从她的话和给出的信号中寻找她是否有这个意思。如果她在晚上走进我的房间，躺在家具上，我就会放下手中的工作，把注意力都转移到她身上。有时候这么做能取得成功，有时候则不。但我明白了一点，让她知道我的注意力给了她，比任何事都重要。

还有呢？我发现这个我深爱着的身材瘦长的女孩子有时候会说"别再拥抱我了"，那我就会停下：我真的很喜欢她。

她很有意思。

我在她身上一直都有新发现。她就像一个永远也发掘不完的谜题。我真等不及想要看看谜底。

你或许与我不同。你的充满快乐的地方，你的幸福，或许与我的不同。在那个地方，你感觉很好的次数要多过感觉不好。不见得非得和孩子有关。我的合作制片人贝西·比尔斯或许会告诉我，对她而言，她的狗狗就是她的幸福。我的朋友斯科特或许会告诉我，在他看来，进行创作就是幸福。你或许会说，和最好的朋友在一起就很幸福。或是与男女朋友、父母和兄弟姐妹在一起，就是最大的幸福。每个人都不尽相同。对有些人来说，工作即幸福。而这也很好。

这个"我可以"允许你改变对优先次序的关注，从"哪些对你好"转变到"哪些能让你感觉很好"。

（等等。我说的可不是海洛因。海洛因绝不是幸福的源泉。

将毒品从你的幸福清单上画掉。

清楚了吗？很好。

找一个幸福源泉。一个积极的幸福源泉。）

我就改变了我的优先次序。我的工作依旧很重要，只是和孩子们玩比我的工作更重要。

这个想法有没有让你紧张、焦虑和害怕？有没有让你觉得我是个白痴？

你大概会说："你说得很好，珊达。你是老板，可我只是个收银员，所以，请你告诉我该如何一方面不工作，一方面还能养活家人，你这个愚蠢的女人，带着你的电视剧、蕾丝鞋和钻石见鬼去吧。但愿你那个王冠状头饰把你的脑子从你的脑袋里挤出来。"

你说得对。

惠特尼・休斯顿。卷发棒。团结一致。

但我在这里要说一件事，希望能有所帮助。对于这件事，我很快就明白了：没人愿意花很多时间和我在一起，或是和你在一起。你知道是为什么吗？

因为你不是泰勒・斯威夫特。

不是好奇猴乔治。

不是蕾哈娜。

更不是布偶大电影。

我是说这是个好办法，很不错的办法。

我是说你能做到。我是说，不管你有多忙，不管你的生活被安排得有多满，你都可以想办法做到。

艾默生和贝克特只希望能和我玩十五分钟，然后就失去了兴趣，扭头去干别的了。这是神奇的十五分钟，但也只是十五分钟。十五分钟后，我便不再重要。如果我不是院子里的蚱蜢，或是波普西克尔牌冰棒，或是《好饿好饿的毛毛虫》，那我可能只不过是棵树。大多数时候，哈珀只愿意和我说上十五分钟——有时还不到十五分钟。我可以抽出十五分钟……就算是在最忙碌的日子，我也可以抽出十五分钟不被打扰的时间。

不被打扰是关键：不打电话，不洗衣服，不吃饭，什么都不做。你的生活忙忙碌碌。你必须把饭准备好放在桌上，你必须确定孩子写完了作业，必须强迫他们去洗澡。但你一定可以抽出十五分钟。

当我惊讶地发现其实只用了这么点时间就完成这次的"我可以"，竟然这么容易就能将这个承诺融入我的日常生活，我才惊觉事实不仅如此。最难的是认清是什么在强迫我面对我自己。

我发现有句古话说得太对了：人们会做他们喜欢做的事。我工作是因为我喜欢工作，我擅长做我的工作，我的工作也为我服务，它是我的舒适区。相比坐在秋千上，我在片场更舒服，了解并且面对这个事实容易，应对起来却异常困难。什么样的人才会认为工作比休息时更舒服？好吧……我就是这样的人。所以这个"我可以"要求我做出改变。要一个拼命工作、全优生、有强迫症的完美主义者放下一切去……玩，真的是难如登天。

我说过了，我最早的记忆是在食品室里天马行空。后来我长大了，图书馆成了我最喜欢的游乐园，里面的书成了我最好的玩伴。当我被迫到户外呼吸新鲜空气和晒太阳，我就会抓起一本书，塞进裤子后面，以免被人发现我私藏。然后，我就爬上我家后院的柳树看书，直到我母亲允许我进屋。玩？我不记得我玩过……

我的保姆珍妮·麦卡锡用严肃的眼神看着这一切的发展。她看着我放下手袋，跪在地板上，动作笨拙而僵硬，于是她提出了一些建议。

"你们应该去玩积木。"

"你们一起去画画，怎么样？"

珍妮·麦卡锡默默地引导我，教我怎么玩，教一个死板内向的工作狂，在食品室和图书馆的书架之外，人们是怎么玩的。她教我如何接近和联系这几个小孩，她们与我完全不同，性格很外向。

我感觉自己像个外星人。此前从没来过这个星球。这是第一次了解这个世界。珍妮·麦卡锡向我展示如何生活。这三个与我有缘的小家伙是宇宙派来的，她们帮忙将堵在我山洞洞口的岩石挪走，将我带进灿烂美丽的阳光下。

我非常感激。

我们满院子飞奔。跑前跑后，跑前跑后。我们在厨房里开三十秒舞会。我们唱流行曲调，我们玩洋娃娃、布袋木偶和费雪牌玩具农庄。

最后，我们进入了泡泡世界。

我坐在后院没完没了地为三个女孩子吹泡泡。满眼都是泡泡。我竟然超常发挥，吹得特别快，简直在她们的脸周围创造出了一片气泡海洋。她们又是喊又是叫，吹泡泡，追着泡泡跑。贝克特满身是汗地跑过来，一下子扑进我的怀里。她身上有种脏孩子特有的淡淡的麝香味。在我看来，这种味道好像……

"你们闻起来很像小狗！"我告诉她们。

忽然之间，有一幅画回到了我大脑的墙壁上。

我母亲在后院打理她那些又大又圆的玫瑰花。太阳已经落山了，我和我姐姐桑迪围着后院跑，每个人都拿着一个梅森食品玻璃瓶。我们是在捉萤火虫，又喊又叫地追逐萤火虫，抓住它们，盯着它们看，我们的脸被它们的光照得闪闪发亮。接着，我母亲一声令下，说该睡觉了，我们就打开罐子，让萤火虫飞进夜空中。

"你们闻起来很像小狗！"我母亲笑着把我们赶回屋。

所以现在我的记忆力认错了，我以前也是玩过的。当我在她们这个年纪的时候，我也会玩。我很幸福，我喜欢玩，我身上有小狗的味道，我就是个小狗派对。

我玩过。

我也不知道我为什么不再玩了。

我忽然发现我开始问孩子们问过我的那个问题：想玩吗？

是的，是的，我想。

但为了做到这一点，我知道我必须做出一些实际的改变。

我定了条规矩：除非遇到紧急状况或是要进行拍摄，否则周六或周日不工作。我真内疚，竟然为了"超前"而把那么多周末用来工作。根本就没有超前这回事，每天早晨总有工作在等着你。

我将电邮签名改成这样："请注意：晚上七点之后或周末，本人不处理任何工作邮件。如果我是你的老板，那我给你提个建议：放下手中的电话吧。"接着我做了一件看似不可能的事：我真的不再答复晚上七点之后发过来的工作邮件。为了做到这个，我必须关掉手机。但我真的关掉了。我有很专业的人员为我工作、制作电视剧。学着后退，让这些人在没有我在他们身后盯着的情况下享受工作的乐趣，对他们，对我，这都很棒。

我发誓每天下午都要六点回家吃晚饭。如果工作上出了问题，我就想办法六点到八点之间在家陪孩子，然后打开电脑，在家里工作。有了发达的科技，做到这一点越来越容易。

我并不擅长这么做。

事实上，我失败的次数与成功的次数不相上下。但我现在知道这样的停工期有助于重新点燃我心中的小火苗，有助于提升我的创造力，而且，从长期来看，还有助于我去讲工作要我去讲的故事。我允许自己视这样的停工期为必要品。做起来很难，难就难在别人都在辛苦工作，我却感觉值得花费时间去装满我心里的那口井。只是这一次多萝西又在我家的厨房里说话了：

"珊达，你病了怎么办呢？到了你累坏的时候，该怎么办呢？你感冒了，又该怎么办？"

我们在工作中可不喜欢这么说。生怕会在蔑视命运后招来噩运。但多萝西的意思是，如果我倒下了，那我的戏也会跟着停摆。如果我倒下了，珊达领地的所有工作最终也将停下。因为必须有人去铺设轨道。那些故事是在我的脑袋里形成的。如果我的脑袋想不出故事，就没人去铺轨道了。如果铺设不了轨道，列车就无法行驶。凯莉·华盛顿、维奥拉·戴维斯和艾伦·旁派也是如此，如果他们倒下了，电视剧也就拍不成了。没有他们，摄影机就无法拍摄。因此，保持良好状态可谓至关重要。

在我认识的人中，就数艾伦的精力最旺盛，决心最坚定，她曾说，制作一部二十四集的电视剧跟跑二十四次马拉松差不多。自从第一季开始，她就把自己当成训练中的运动员。艾伦相信，要想把工作做好，就必须照顾好她自己——身心皆要照顾好。艾伦的方法给我提供了灵感。我认为现在或许是时候用同样的办法来思考我的工作了。

对我而言，这表示如果还要继续铺轨道，我就需要抽出时间来玩。

想玩吗？

六点回家，七点以后不接电话，尽量不在周末工作。

接着，我开始扩大范围。

想玩吗？

我借机允许自己寻求安逸，而我平时是不会这么做的。"想玩吗？"渐渐成为让我自己沉溺于早已忘记的生活方式的代名词。

修指甲？足疗？

想玩吗？是的。

周六下午，孩子们去玩耍约会，我则轻轻松松地在书店里逛上几个钟头？

想玩吗？是的。

好好洗一个澡，大声播放艾瑞莎·弗兰克林的歌，好叫别人听不到我在唱歌?

想玩吗? 是的,是的。

关上房门,喝一杯红酒,吃一块巧克力,心无内疚地安静十五分钟?

想玩吗? 请小声点,但……是的,我愿意。

十五分钟,我说。把注意力放在自己身上十五分钟,有何不可?

结果呢?

什么也没有。

我越是玩,我在工作中就越快乐。我在工作中越快乐,我就越放松。我越是放松,我在家就越快乐,我与孩子们一起玩的时间就越美好。

这真真正正就是爱。

我们都可以付出更多一点爱。付出很多很多的爱。

为了孩子们。为了我自己。

这是最棒的"我可以"。

想玩吗?

| 第八章 |

向我的身体说"我可以"

现在来说一件我有可能忘记提的事情吧。

在我决定说"我可以"的时候，我提了吗？

在那天夜里，我决定对令我恐惧的事说"我可以"，我提了吗？我给你讲那天夜里，我拿着一杯红酒躺在沙发上盯着看圣诞树的时候，我提了吗？这件事就是：

我很胖。

不是可爱的微胖。也不是丰润之美。

我的臀部一点也不圆润。

我的躯干并不只是肥嘟嘟。

我谈不上体态丰满。

我该丰满的地方都不丰满。

我并没有坚持像在上大学时那样健身。

如果我坚持下来了，就一定可以穿得下漂亮的紧身衣，还能让你夸奖我几句。

只可惜这种事情并没有发生。

没有。

我很胖。

我过度肥胖。

此时是我这辈子最胖的时候。

我已经胖到连我自己都不适应了。有时候，我看到镜中的自己，甚至有种超现实的体验，我会真心感到好奇："那人是谁？"我的大脑真的需要几秒钟才醒过味来，才惊讶地意识到，我看到的其实是我自己。那个陌生人就是我。我盯着自己和身上很多很多的多余脂肪。我身上的脂肪那么多，我甚至都不敢上秤称量了。

我是个庞然大物。

不过这不是重点。

我是个庞然大物。

但更重要的事……

我感觉自己是个庞然大物。

这才是重点。

你瞧，没人跟我说我穿多大的尺码，我也不在乎别人怎么看我的体形，我也对别人觉得我好不好看没有兴趣。

我认为每个人的身体都属于他们自己，不管胖瘦，无论体形，每个人都有权爱他们的身体。为了所有人都有这样的权利，我会为他们一战。如果有必要，我会鞠躬尽瘁，死而后已。你的身体是你自己的，我的身体是我自己的。一个人的身体不是给别人评论的，不管你多矮、多高、多瘦、多胖。如果你爱你自己，那我也爱你。

但这与爱我自己无关。

我感觉很不好。

这个不好，一部分是指心理，而绝大部分都是生理上的。

我感觉很不好。

我的膝盖疼，我的关节疼。我发现，我之所以时时都觉得疲倦，是因为我得了睡眠呼吸中止症，我还在服用治高血压的药物。

我很不舒服。

我触摸不到我的脚趾。

碰不到我的脚趾。

我必须吃掉一块蛋糕，才能面对这个现实。

我真是一团糟。

我不知道这种情况是怎么发生的。

但有一点我是知道的。

还记得我家的女人赢得的基因强力球彩票吗？那表示我们看起来跟一群疲倦不堪的少女没有两样。似乎还有一种新陈代谢超级大乐透，不过我家只有一半女人掌握了中奖号码。我姐姐多萝西和桑迪就特别幸运，不仅看起来像是十四岁，而且就算一顿饭吃下半头牛，也不会显得比十四岁女孩更胖。而我却没有得到中奖号码。肥肉向我飞奔而来，跳到我的身体上，并安了家。好像肥肉知道它们找到了家。好像肥肉想要和它们的家人在一起。

我这辈子一直在和体重做斗争。而且，这看起来太不公平了。这场斗争太激烈了。过了一段时间，我觉得不值得进行下去。于是，我停止战斗，不再饿肚子减肥。我满足于一个不太胖但也不瘦的体重。大码。顶呱呱。曲线玲珑。可爱。伟大的战利品。我很健康。我锻炼。对于我的身体，我没有想太多。

后来……我再也控制不住方向盘了。

别问我是从什么时候开始的，我也不知道。

但我知道也是在那个时候，我慢慢关闭了我生活中所有的大门。彼时，我对什么事都说"我不行"，都一口否定。

还有一点，那就是我并没有感觉到它发生了。

我是说我很忙。

我有很多充分的理由来放开方向盘。

我决定去冷冻我的卵子，就是我体内的卵子，有卵子才能生孩子。是呀！生命的奇迹。冷冻卵子，就必须注射激素。如果你天生就是个瘦子，那注射激素后依然是瘦子。但如果是我的话……就另当别论了。

后来我做了个小手术，这下我是彻底堕落了。"我最好停止锻炼，或许在沙发上躺一躺有利于复原。"

对了，我动的是眼部手术。

所以呢?

你的重点是什么?

眼睛动手术倒是不要紧。我的眼睛需要复原。可当我的眼睛好起来之后，我却离不开沙发了。从沙发上起来就显得不那么重要了。再说了，还有很好看的电视剧呢。

是呀，电视剧，我还有工作，《实习医生格蕾》。后来我有了两部电视剧，多了个《私人诊所》。接着我的电视剧增加到了三部。《丑闻》成为三部中最重要的一部。后来，我们在和《私人诊所》告别之后，开始制作《逍遥法外》。我制作的电视剧越多，我在我的办公桌边或剪辑室沙发上的时间就越多，我坐着的时间就越多。我坐的时间越久，运动的时间就越少。

我运动的时间就越少?

不要非逼我说出来嘛……

我们的电视剧大受欢迎，这就好像一个残忍的玩笑。如果我的电视剧收视欠佳，那我或许就能抽出时间去健身房了，或是休息休息。我或许就有时间照顾我自己，至少我是这么对自己说的，但没有一部电视剧下档。我成功了，不仅仅是成功。

一部电视剧能坚持三季都算少见，而我编写的电视剧至少都播出了五季。

珊达领地现在成为一个品牌，制片厂希望我们多制作几部电视剧，电视台希望我保持正在播出的电视剧的水准。现在电视台最贵的晚间播出时段都属于我，珊达周四档节目在社交媒体上刷了屏，我周围的所有人似乎都很投入，非常非常投入。我开始做噩梦，会梦到我的电视剧下档了。

多萝西和珍妮·麦卡锡很关心我，担心我会因为压力过大而失去创作力。她们并不了解，我永远都不会为了创作力而感到压力。创造世界、角色和故事一直是我干起来最轻松的事。当每一集的白色书写板放在我面前，我就会进入一个冷静而自信的区域。我感觉到了嗡嗡声。写电视剧本于我而言是……极其幸福。我编起故事来就好像别人写歌一样——我就是能找准所有音符。从本质上来说，一部电视剧就是一个较大一点的食品室。所以，对写剧本或制作电视剧，我没什么可担心的。

我担心的是越来越高的期望。我担心的是风险。

噢，是的。或许我应该提一下：有风险，而且风险很大。

随着我的电视剧越来越受欢迎，我清晰而痛苦地意识到了风险何在。我微笑，拒绝回答问题，假装听不懂记者口中关于种族的问题。然而，身为一个在美国长大的黑人，不可能对种族问题一无所知。

这不仅是我的问题，这是我们的问题。

我必须把所有事情都做得正确无比，我必须保持所有的一切都在运行中，我必须一口气跑到山顶。我不能休息，不能摔倒，不能脚步踉跄，更不能退出。无法登顶根本不是一个选择，失败于我而言将是无法承受的。若是搞砸了，在今后的几十年内都会不断发生后效。从《实习医生格蕾》的角度来说，那表示让一个非裔美国女性带着一套演员班底制作一部电视剧，演的内容跟真实世界差不多，绝对是大错特错。而我则证明了事实并非如此。

后来又有了《丑闻》，风险就更高了。如果三十七年来第一部由非裔美国女演员主演的电视剧连一个观众都没有，天知道什么时候会再出现这样一部剧。失败意味着两代女演员都必须等待另一个机会，才能摆脱只能饰演共犯的命运。

我称我自己是"第一，唯一，不同"。我们是一个严格选择会员的俱乐部，但成员数量绝对超出你的想象。我们一见面就对彼此非常了解。我们的眼睛里都流露出相同的疲惫神情。这种眼神便是，我们都盼着人们不要再觉得我们这些黑人、亚洲人、女人、拉丁美洲人、同性恋、下半身瘫痪者和聋人能把工作做得这么好，是很不可思议的。

但如果你是"第一，唯一，不同"，便背上了多余的责任，负担沉重——
不管你愿意与否。

在我制作我的第一部电视剧的时候，我做了一件我感觉极为正常的
事：在 21 世纪，我按照真实的世界来安排电视剧里的世界。我在剧中
安排了各种肤色、性别不同、背景不同、性取向不同的角色。接着，我
做了一件最显而易见的事：在我笔下，他们仿佛成了……真人。在我创
造的那个世界里，有色人种过着三维立体的生活，拥有爱情，不是狡猾
的共犯、路人或罪犯。女性是英雄、恶棍、坏蛋和大人物。很多人都告
诉我，这么做极富开拓性，还很勇敢。

亲爱的读者，我希望你在看到这里时也能扬起左边眉毛。因为——
女孩，求你了。但西装阶层说我做了一件不可以在电视上干的事，而美
国人却喜欢看我的电视剧，由此证明他们所言是错的。我们真正改变了
电视产业的面貌。现在，我不能犯错，因为我不会有第二次机会。

当你是"第一，唯一，不同"，便没有第二次机会。

第二次机会是留给子孙后代的。但你是身为"第一，唯一，不同"，
这就是你为之努力的目标：为后来者创造第二次机会。

正如蒲伯老爸告诉他女儿奥利雅亚的那样："你必须付出双倍努力，
才能取得一半效果……"

我不想要一半，我要全部，所以我付出了四倍的努力。

我不希望看着镜中的自己，说我没有尽全力制作电视剧，让它们大
获成功。说我没有付出百分百的努力，为我的女儿，为所有苦苦思索出
路何在的有色年轻女性，留下遗产。生活在一个充满愚昧无知的时代，
让我恼火到了骨子里，这个时代依然需要我成为行为榜样，但这无法改
变我只是一个人这样的事实。

一直以来我都习惯于尽全力工作，我的生活以工作为重心。在工
作以外，我选择了一条阻力最小的路，我没有那个精力去进行棘手的对
话或争论，所以我只是笑笑，任由别人爱怎么对待我就怎么对待我。而

这只会让我渴望回到办公室。在那里，我是负责人，是老板，在那里，或是因为尊重、宽容，或是因为快乐和敬畏，反正他们不会把我当成废物。

因为我拼命工作，所以我一向都感觉很疲倦。在《实习医生格蕾》最初播出的时候，我拒绝邀请的次数太多了，后来人们便不再邀请我。人们开始说我除了工作，从不和同事打交道。事实上，除非是为了工作，否则我不和任何人打交道。我的朋友们也不理解，有人窃窃私语，说我只顾着在好莱坞过五光十色的生活，参加派对，和名人交朋友，所以放弃了他们。我本来可以对这样的风言风语嘲笑一番，但我太累了。有一次，我收到一封怒气冲冲的邮件，指责我没去生日会，不过我估计我还没写好邮件道歉，就会面冲下趴在键盘上睡着了。于是我只好……放弃。我的朋友圈自动缩减到一个较小的核心圈子，我在家的时间更多了，工作的时间更多了，独自一人的时间更多了，隐藏的时间也更多了。

迷失自我不是一朝一夕发生的，迷失自我建立在每一次的拒绝之上。今晚不出去了，不去和那个大学室友叙旧了，不去参加派对了，不去度假了，不去结交新朋友了。就是在这一点一滴中，我渐渐失去了自我。

我越是工作，压力就越大。压力越大，我吃得就越多。

我知道事情正朝着失控的方向发展。因为我开始感觉到越发地不舒服，感觉更为疲倦。因为我的牛仔裤越来越紧，衣服的尺码越来越大，最后，我只能购买大码商店中尺寸最大的衣服。

然而——

我产生了矛盾心理，我内心当中的女权主义者并不愿意和我自己讨论一番。我很厌恶谈到我的体重问题，那感觉就像我在评判自己的外表。不光肤浅，还是对女性的歧视。

感觉……若是在乎这种事情，是对自己的背叛。

我的身体只不过是我用来携带大脑到处去的容器而已。

在我上大学的时候，兄弟会的家伙们对我的乳房指指点点，说些不干不净的话，我就会说这句话。而且，我的语气像是在说：老天，你可真够笨的。

只是我要无数次向他们重复这句话。好叫他们知道，在他们眼里，我就该是个隐形人。让他们别再看我。

现在我要对我自己说无数次这句话，好叫我在我自己眼里变成隐形人。

我的身体只不过是我用来携带大脑到处去的容器而已。

我吃掉一盒盒冰激凌的时候这样说。

我吃掉一整个比萨饼的时候这样说。

我吃加培根的芝士通心粉的时候这样说。听到我说的了吧，加了培根呢。但凡是加了培根的，我都会吃。用培根卷起来的食物我也吃。一种肉卷着另一种肉，清晰地向我证明了宇宙还是原本的样子。

我的身体只不过是我用来携带大脑到处去的容器而已，而这个容器里满是培根肉。

或许是如此，或许我的身体只是我用来携带大脑到处去的容器。

但汽车也有这样的功能。车子要是坏了，我的脑子哪里也去不了。我的身体容器也是如此。

我感觉自己……老了。不是"我老了，我喜欢虚构"的那种老。

老了。

是"不再参与这世上的任何活动"的那种老。

是"坐在椅子上，看世事变幻"的那种老。

真是白白浪费生命呀。

但，吃着小牛肉的人生是多么美妙哇。

我以为没人注意到，我以为没人看到，我以为，我整整胖了一圈这件事根本不会引起注意。因为我真的没注意，我是慢慢胖起来的。我在我自己眼里是隐形的。我以为我在所有人眼里也都是隐形的。

只可惜事与愿违。

人们试着帮我，给我出主意。人们这么对我说："安多芬能让你感觉好起来。"

巧克力蛋糕也能，傻瓜。

贝西·比尔斯是我很喜欢和欣赏的人，我会为了她两肋插刀（至少是插两针），她曾说："你得训练自己爱上沙拉了。"

结果，我好几天都没搭理她。谁会干训练自己爱上沙拉这种事？

脑袋不正常的人才会训练自己爱上沙拉！我还可以训练自己爱上石子的味道呢，或是牛粪。但为什么要这么做呢？我和我自己无仇无怨的。

我倒是聘请了一位教练。后来他说"体态苗条是这世上最美妙的体会"，我立马就把他炒掉了。

他这是在老生常谈。

还用一种得意扬扬、很有优越感的语气。

"体态苗条是这世上最美妙的体会！"

谁会对一个胖女人说这种话呢？说真的，谁会说这种话呢？原因不明摆着嘛：第一，你从未吃过烧烤排骨；第二，闭上你那张愚蠢的嘴巴。

我也不高兴过吃美味小牛肉的生活，就连小牛肉也不愿意做小牛肉，小牛肉都希望得到善待动物组织的拯救。我也渴望开始得到拯救。

我搭飞机去纽约。我是个非常出色的电视编剧，所以我坐的是头等舱，座位又大又舒适。我坐下，脱掉鞋子，拿出书，抓住安全带，然后——

天哪，安全带断了。

它早就断了？

安全带本来就是断的。

是吧？是吧？

安全带没断。

我只是太胖了，系不上头等舱的安全带。我就好像《查理和巧克力工厂》中身体鼓得如同巨大蓝莓的维奥莱特·比尔盖德。我就是吃掉吉尔伯特·格雷普的那个人（电影《不一样的天空》英文原名 *What's Eating Gilbert Grape*，直译为《什么吃掉了吉尔伯特·格雷普》。——译者注）。拿根针扎我一下，我就会像气球一样爆炸。

真希望有人扎我一下。

至少这表示我不能搭乘这架飞机了。

我很难为情，开始冒冷汗。汗涔涔的珊达可谈不上优雅可人。汗流浃背的珊达像极了可怕的巨怪。

我觉得我有两个选择：我可以让空姐把安全带加长，或是我干脆不系安全带，然后等待因果报应，在飞机坠毁的时候掉下去摔死，还要害得几百个系着安全带、遵守规矩的无辜乘客与我一起丧命。

好心的读者，你现在已经非常了解我了。你觉得我会怎么做？

你觉得我会表现得像个成年人，像个把自己吃成这么胖的老练女人？你觉得我会按按钮把空姐叫来？我会清晰冷静地和空姐交涉，小心翼翼发音清晰，好叫头等舱的每位乘客都听到这个坐在 5A 座位、浑身是汗的女孩说的每一个字？

"打扰一下，我现在才注意到我太胖了，系不上头等舱巨大座位上的安全带。请把安全带加长，这样我好对自己傻笑，继续自我安慰说我优人一等。可以吗？拜托了。"

真的是这样吗？我会这么说？

拜托。

我不会。

你现在很了解我了。你知道我不会这么做。

我选择死。

我选择因胖而死，因报应而死，而且，因为天主教一旦信奉就不能退出，我勇敢地选择面对，因为害死飞机上的其他乘客，将会受到永远承受地狱之火和诅咒的惩罚。

我把毛衣盖在腿上，不让别人看到我没系安全带，还冲过道对面穿西装的那个男人抱歉地一笑，然后紧闭双眼，等待痛苦的死亡降临。

我没死。

我的小命还在。

哎呀，我是个自恋狂——我真的盼着，就因为我太胖，而我又自我膨胀不愿承认这一点，而让因果报应夺去飞机上所有人的生命？

我还活着。

但我立即就开始想象我死后的情形，想象我的身体被做防腐处理，想象殡仪馆为我处理尸体。几位女士给我那张毫无生气的胖脸蛋上妆。我想到我需要一个超大号的棺材，我的姐姐们必须买一个巨大的帐篷，好让丧葬承办人当寿衣给我穿上。

听来很有意思吧。

我不觉得有意思。

这种情形在我看来并不有趣。

我还有两个刚刚学步的娃儿和一个十二岁的女儿。

我对我自己都做了什么呀？

我自己问自己："对这件事，我要如何说'我可以'呢？"

我这才意识到，说"我可以"的一年已经变成一个正从山上滚下来的雪球。一个"我可以"雪球和另一个滚在一起，就这样，雪球越来越大，越来越大。每一个"我可以"都让我做出了一点改变。每一个"我可以"都具有更大的改造力量。每一个"我可以"都带我走进了全新的进步阶段。

那么，这一次我要如何说"我可以"呢？

为了我的健康，我要对什么说"我可以"？

一开始，我根本摸不清状况。几天后，我躺在家里的床上，正在过小牛肉生活，这会儿，我一边看《神秘博士》重播，一边吃巧克力曲奇饼干，舒舒服服地躺在筷子上——也就是我的床垫上，这时候，我猛地想到：

我喜欢这个。

床。

热腾腾的巧克力曲奇饼干。

小牛肉。

热腾腾的巧克力曲奇饼干。

电视。

热腾腾的巧克力曲奇饼干。

我喜欢这一切。不。我爱这一切,我很开心。这就是乐趣。这就是舒适,就是放松,不需要付出任何努力。另外,我提到热腾腾的巧克力曲奇饼干了吗?于我而言这是一段美妙的时光。这就是野餐、派对,就是颓废年轻人的聚会。我就是这么享受……

等等。那个……

老天。不对呀。

我一直在说"我可以"。

我一直在对发胖说"我可以"。

正因如此,我现在才会变得如此肥胖。我不是失败了才变胖,我是成功地发胖了。我没有松开方向盘,我只是把车子拐到了发胖这条路上。

我一直在对肥胖说"我可以"。

你知道吗?我凭什么不该对肥胖说"我可以"?毕竟变胖于我而言来得更容易。我感觉很受用。如果我有丝毫不满意,也就不会发胖了。

变胖让我心情愉快。

在《私人诊所》中,娜奥米与爱迪生就"为了让生活更美好,是否该用食物来缓解情绪"这个话题,进行了如下讨论:

娜奥米:我把所有这些情绪都集合起来……愤怒,疲倦,难以尽如人意的性生活……我恨不得开车从山姆身上碾过去,我的孩子现在认为她爸爸是个好父亲……我把所有这些情绪都集合起来,塞进很深很深的地方。然后，我……在上面放上食物。

爱迪生：或许……你该去找山姆谈谈，每天摄入四千千卡可不是什么好事。

娜奥米：你知道吗？你走你的阳关道，我过我的独木桥。

我过我的独木桥。

我走独木桥要带不少东西呢。红酒，黄油爆米花，热腾腾的巧克力蛋糕，全部油炸食品，五份芝士的奶酪通心粉，还有小牛肉生活。

我有没有告诉过你小牛肉生活是什么？啊！所谓小牛肉生活，就是一动不动地躺在沙发上，尽可能模仿小牛肉的生活。

同时还吃着小牛肉。

我希望我是在开玩笑。

希望这一切都是魔法。

食物创造出了美丽的涂层，它帮助抚平了粗糙的部分，封闭了我破碎的身体，填满了所有空洞，遮掩了裂缝。是呀，我用食物来镇压所有烦恼，食物将烦恼都封存了起来。

说时迟那时快！在食物下面，我内心中的一切都变得平滑、冰冷和麻木。

我的内心已死，而这正合我意。

这就是我的独木桥。

别人若是告诉你，吃东西根本不管用，千万别信。如果有人对你说吃东西不起作用，那他不是白痴，就是骗子，要不就是从来都没吃过任何东西。你可以告诉他们这话是我说的。食物的作用大着呢，用食物来缓解情绪这一招管用着呢。如果食物没用，如果暴饮暴食、越多吃越好一点用也没有，那所有美国人就都跟安吉丽娜·朱莉一样瘦了。没人去汽车餐厅，也没人撒糖屑巧克力末，更没人吃粉红莓果冰激凌了。

不。

食物有很大的作用。用食物盖住那些你不想面对或不知该如何解决的问题，感觉棒极了。你甚至可以用食物掩盖那些你认为不值得面对的问题。

食物拥有魔力。能让你好过得多，能让你麻木。漂亮且拥有魔力的食物能使你的灵魂变得迟钝，让你满脑子只有蛋糕或睡觉。用食物来镇压一切就仿佛施了魔法，让各种情绪都远离你。你不必面对自己，不必思考，什么都不必干。

食物很厉害。

问题就在这里。

麻烦就麻烦在这里。

吃东西真的很管用。

如果我觉得吃完了还能穿下裤子，那我会毫不犹豫地吃掉一桶炸鸡。

如果我依然能忍受内心的麻木，那我会吃吃吃。

但问题是我做不到。

麻木的内心让我无法承受。

麻木不仁不再适合我。这种状态已经不合时宜，让我焦躁不安。我发现自己对别人发火的次数变多了。要是有人惹得我不高兴，我就会在邮件里像贝利医生（《实习医生格蕾》中的人物。——译者注）那样责骂他们。我不愿麻木。我想告诉那些惹我生气的人，把他们的看法集合起来，置之脑后——

我现在比较喜欢这个办法，不再总是像以前那样把食物塞进嘴巴，镇压受伤的感情。

2014 年飞机安全带事件（这是我给那次事件起的名字，甭管什么事，我都会起个名字）让我认为用吃东西来缓解情绪这个办法不再是我的选择。

在 2014 年飞机安全带事件之后，麻木的状态不再是我可以应付的局面。

现在，麻木让我感觉毛骨悚然。

现在，麻木不仅仅能带来死亡的感觉，还让我感到自己在慢慢腐烂。

食物不再能抚平一切，反而让我窒息。

就在这一刻，我取得了改变我生活的重大且美好的突破。

我感觉很不爽。

这个宇宙毁掉了巧克力蛋糕和红酒带给我的抚慰。我让它们露出了真实面目，因为现在我知道了它们的真相。

我此时的感觉就跟在我四岁那年有人把圣诞老人的真相告诉我一样，而且是在平安夜。当时我坐在壁炉边，正等着屋顶上响起铃声。

我现在所剩的也只是圣诞老人那些笨笨的小精灵，它们一个叫不合时宜，另一个叫心烦意乱。不合时宜和心烦意乱可替代不了胖胖的圣诞老人。现在我必须着手处理这件事。

现在我必须对肥胖说不。

见鬼。我要把不合时宜和心烦意乱丢到天边去。

减肥很不容易，除非是我得了很严重的肠胃炎，或是我节食到必须叫医生来的程度，否则我这辈子从未一次减掉过超过十五磅的体重。

一想到我要克服多少痛苦和恐惧才能开始减肥，我就不禁望而却步。

有一次，我和我的好朋友简（为了保护这位无辜的人，我使用了化名）去了一家高档的减肥疗养中心，在那里住了一星期。卡尔亚维中心漂亮奢华，对待客人很热情。他们直接告诉你，不需要带任何东西来，而在此之前，他们还收走了你的汽车钥匙，并且每天会发给你一件灰色运动服穿。就跟在军队里一样，也很像在坐牢。每天一大早，他们就逼着你上山跑步，那可真是可怕而痛苦的经历，真能把人累死。这之后，还要进行三小时的锻炼。到了中午，你躺在地上，肌肉抽搐着，而在此之前你压根儿就不知道你还有这些肌肉，小声嘀咕着你精心设计的逃跑计划，也就是和狱友一起翻墙逃跑。可就在你刚刚打起精神要开始跑的时候,"向导"就来找你,带你去泡温泉。而在这一天剩下的时间里,你都会得到人类已知的最豪华的治疗。他们用小猫眼泪浇灌的玫瑰制成的精油来为你泡脚,这会儿,你会把所有逃跑计划都抛到九霄云外。而转天要重来一遍。

我们登记入住卡尔亚维中心十分钟后,我和简便回到前台。我们有急事,我们这么告诉他们。

我们要去看病。

至于什么病,恕难奉告。

与阴道有关,我们扬起眉毛这样暗示。

他们把汽车钥匙还给我们。我们跳上汽车,扬长而去。

我不会说那段时间发生了什么。

我绝不会说那段时间发生了什么。我只会告诉你,一个半小时后,我们回到减肥中心,身上散发着羞愧和油腻腻汽车餐厅快餐食物的味道。

我们慌了神。对于即将开始的节食,我们太害怕了。

现在我等待着恐慌的到来,但它并没有如期而至。我准备好了。

我领到了一张纸,并用胶带把它贴在衣柜门的背面。我站到秤上,盯着那个数字,不禁骂了起来,大概就连恶贯满盈的人都会被我骂哭。我拿着笔走到贴在门背后的纸前,写下了日期和我的体重。我盯着那个数字。然后,我一把把那张纸扯下来,扔进垃圾桶。

我这辈子都不想再看到那个数字了。

❖ ❖ ❖

我给了自己一个选择。我想说哪一个"我可以"?有两个选项。

我可以说"我可以",我想要成功。我希望身体健康,我盼着长命百岁,这既是为我自己,也是为了我的孩子们。我希望能感觉好点。一且我说了"我可以"，就必须倾尽全力去减肥，不能抱怨半句，并且接受减肥很困难这一事实。因为事情就是这样。很难，难如登天。

但减了肥，我坐飞机就能扣上安全带。我还用不着自恋地担心遭报应，搞得飞机坠毁。我用不着巨大的棺材，也用不着拿帐篷当寿衣了。

如果我说"我可以"，那我拯救的将是我自己的命。

抑或我可以说"我不行"，让减肥见鬼去吧。

变瘦，我才不要！

我可以说我不愿意减肥成功。我想吃炸鸡，我就要过小牛肉的生活。

但如果我说了不，如果我说我不愿意减肥，会怎么样呢？那游戏就结束了。我只能把自己封闭起来。我不愿意再听到自己抱怨扣不上飞机的安全带，我不愿意听到自己一个人喃喃自语说我够不到脚趾有多痛苦。别向我哭诉，你照镜子认不出自己时有多伤心。因为我做出了选择，我说了"我不行"。

等等。

我说了"我可以"。

我对肥胖说了"我可以"。

如果我对肥胖说了"我可以"，那我就必须欣然接受令人震惊的二十四码。我必须接受肥胖的我。我必须给自己买加长安全带，坐飞机的时候，大张旗鼓地把它从手袋里拿出来，并为此自豪。而且，要是我旁边的白痴敢说一个字，我一定会叫他好看。

肥胖的问题并不在于肥胖。

问题在我。

如果我不改变，那我就必须继续向前迈进。我不能将宝贵的时间浪费在"我希望"或"如果"上。

做个空想家就是如此。空想家不对任何事说"我可以"。

我必须选择。

是胖还是瘦。

我必须选择。

真搞不懂我为何会认为这很容易，有益的事从来都不容易做到。

在工作上，我是个难对付的战士。我好胜心强，我努力工作。见鬼，在和我的孩子们玩棒球游戏的时候，我是个难对付、求胜心切的战士。我曾经还跟人家比过编织。编织。所以我才被禁止在有人的地方编织。尖锐的物体，一个为了胜利不择手段的人，毛线球……这可谈不上是很好的组合。

我努力工作，所以我成功了。所有人都是这么成功的。那我凭什么认为减肥会有所不同？

不知怎的，念及此，就好像有个灯泡亮了起来。减肥并不有趣，这是战士要完成的任务，我绝不会享受减肥这件事。炸鸡永远都是我的最爱，永远，海枯石烂永不改变。相比在跑步机上锻炼，我永远都更喜欢蜷缩在沙发上看书。在我的余生里，只要闻到黑巧克力和培根的气味儿，我就会心跳加速。芝士蛋糕吃起来永远都有种爱情的味道。噢，我永远都不会喜欢减肥。减肥一点也不好玩，绝不会有任何乐趣。

减肥不会给我带来丝毫快乐。

减肥只会让我吃尽苦头。

不知怎的，知道了这些，竟然让我感觉好了很多。

这就是降低期望的好处。

我不再盼望能喜欢减肥，我不再要求减肥很简单或是令人愉快，我也不再等待乐队开始演奏，在这之后，限制进入我嘴里的食物也就变得可以忍受了。

因为我不会等待减肥这件事变得美好。

减肥绝不会变得美好，它永远都是……那么糟糕。

2014年3月8日，我对减肥说"我可以"。

等到2015年3月1日我走上秤，我几乎减掉了一百磅。当我在2015年夏天写这本书的时候，我又减掉了很多体重。我减掉的重量令人难以置信。我再说一遍，只要减掉超过十五磅的体重，都超出了我的意料。

超出了很多。

大大出乎我的意料。

但说"我可以"拥有强大的力量。

我告诉过你减肥有多难了，我有多讨厌减肥。但我还是做到了。然而，各位读者朋友，你们中还是有人会问那个问题，你们中还是有人会问——

"珊达，你吃了什么东西？你用了什么办法？"

我难道没说过减肥绝非易事？不可能速成？如果能这么容易，或是很快就成功，这世上还有人会为减肥大费周章吗？

现在，我敢说，你在广告上看到过的或是医生推荐给你的大名鼎鼎的减肥办法都有效。但前提是你有决心让那些办法发挥功效。也就是说，如果你并不觉得你真正准备好了，那任何办法都不会奏效。

你准备好了吗？现在来看看你是否准备好了：三年前，如果有人对我说"除非你真正准备好了让一件事奏效，否则没什么能奏效"，那我一定会强迫他们吃下黄油，让他们胖到一千磅。因为这句话听起来就是一句废话。除非有了正确的心态，否则一切听起来都是废话。若你依然在找千般理由来说明你该吃掉一整块蛋糕，那一切都听起来像是废话。

你应该吃掉一整块蛋糕，你可以这么做。你可以吃掉一整块美味的蛋糕。而你也必须接受吃掉蛋糕后你会生出大肚腩这个事实。这也没关系，但之后你不要抱怨你的肚子太大。也别再痛斥你自己，觉得难为情，甚至躲起来不见人。你必须接受大肚腩，爱你的身体，接受与其有关的一切。而且，别再用你活在世上的宝贵时间去琢磨体重问题，还是想点别的吧。

现在，向前迈进——

"但是，珊达，你减肥时都吃了什么？你都用了什么办法？"

唉。好吧。

　　我没有吃任何特殊的食物，也没有使用任何特别的办法。我没做过任何减肥手术。但我会告诉你我做了什么。我不是什么专业人士，只是个医疗电视剧的编剧，所以请记住，我对减肥一无所知。因为我是一个作家。这表示我强烈推荐你去做我做过的四件事，那就是：

　　第一，先去找一位有行医执照的医生。我去见医生，说："我再也不想这么胖下去了。帮帮我吧。"我的医生真的拍手为我喝彩。艾娃这么做很酷。在我的要求下，我做了一个全面的体检。做了检查，我就知道可以从何处开始，因为我想知道我现在身体状况如何。哪怕是最微小的进展，我也乐于见到。我的医生叫我做什么，我便做什么。

　　第二，我开始考虑锻炼。我向自己保证我不做任何我不喜欢的锻炼，所以我就没有做。一开始，我根本就没锻炼。我的时间都用来说服我自己不要吃掉我能拿到手的任何食物。等我准备好了之后，我就请来了一位教练——之前跟我合作过的珍妮特·詹金斯。好吧，主要是她想尽办法让我动起来，而我则气喘吁吁地抱怨这抱怨那。现在，我已经准备好听命行事。珍妮特让我跳普拉提健身操，我很喜欢。我是说，谁会不喜欢呢？因为这套健身操是躺着做的。我说真的，这就好像整个宇宙终于决定放我一马了。好吧，其实也挺难的。不过呢，真的是躺着做的。

　　第三，我每天都喝下六十四盎司的水，这可是很多水呀。这样下来，我的皮肤就变得水润有光泽了。

　　第四，我决定——这对我而言是最重要的规则——用不着禁止吃某种食物。我想吃什么，就可以吃什么。只要不吃得太多就可以。而且，我只吃我想吃的食物——这是这条重要规则中最难的部分。你这样做一天试试看。我早就习惯仅仅是因为到了早午晚餐的时间就去吃东西了，我从来都不会琢磨我是不是饿了，更遑论去考虑我是否想吃东西。在此之前，我从不听我的身体有何要求。我知道，我知道"听身体有何要求"这种话显得很可疑。就跟"协同作用"这个词一样，但它真的奏效了！

我制作的电视剧里的演员是最早知道我在干什么的一群人。或许是因为作为演员，他们的身体也是工作的工具，因为他们每天都必须特别留意自己的身体，所以他们马上就看出我发生了变化。他们立马就明白出了什么事，似乎是发自本能地理解我为了减肥受了多少苦。他们都过来支持我，凯蒂·洛斯、斯科特·福利、艾伦·旁派感觉很像我的每周啦啦队员，每次我在台词朗诵会上遇到他们，他们不是鼓励我几句，就是拥抱我。就在我开始取得进展的时候，艾伦一本正经地对我说："小心点，女士，千万不要把你的美臀减没了。"绝不会，艾尔斯。

在我的体重真正开始降下来之后，一些有意思的事发生了。我不再认为我的身体是用来装载大脑的容器。我对我的身体越来越了解，从各个方面，我都更加了解我的身体。我知道了我的身体是如何运转的，有何感觉，如何运动。我注意到，在压力之下，我后背的肌肉会发紧，于是我更加频繁地伸展肌肉。这听来很是奇怪，但我花了更多心思在我的皮肤上，使我的皮肤变得平滑而柔软。这表示在睡觉之前，我要给我的膝盖、双脚和手多多补水。

我开始感觉自己很强壮，真正的强壮。现在，我摆出神奇女侠的造型，并不仅仅感觉自己像神奇女侠一样自信，我感觉自己就是神奇女侠。在减掉五十磅后，我把艾默生背在背上，在我家的走廊里来回飞奔，她则搂着我的肩膀，尖叫不已。在我把她放下去睡觉之后，我坐在台阶上，哭了起来。四个月之前，我绝无可能背着孩子走过走廊，就连轻快地走我都办不到。来回飞奔肯定会要了我的命，现在我甚至都没有喘粗气。

曾几何时，我像个孩子似的任人穿衣打扮，并被要求站着别动等待奥普拉。现在，我这辈子第一次关心起了衣着。多年以来，德娜·阿什一直是我的造型师。但为我打理活动造型就跟摆弄一个肥胖的人体模特一样,我没有任何意见,她叫我穿什么我就穿什么。只要我感觉自己不引人注目,就不会对她给我穿的衣服多说一个字。但我说不说都无所谓,反正胖女人能选择的衣服种类一向都少得可怜,这可真叫人沮丧。

现在我的问题正好相反,我要挑选高级定制。备选的衣服多种多样,这种体验令人震撼。但我从未去过商店里卖普通号码服装的柜台买衣服,我感觉很尴尬,我不知道哪些衣服在我的新身体上穿起来好看。德娜将我衣柜里的衣服全部丢掉了,连同我的内衣在内,所有从前的衣服都不再合适,还能要的衣服都送去慈善商店。(我想办法留住了所有《实习医生格蕾》的 T 恤衫,这些 T 恤衫穿在我身上直晃荡,但我绝不会把它们丢掉。)其他的几乎一件不留,我们重新开始。德娜教我如何穿衣,向我介绍了我从未想过要穿的颜色,让我穿上紧贴身体曲线的衣服,我现在的每一件衣服都会让我引人注目。

在这个身体里,我感觉即便吸引了人们的注意,也是可以的。

引起男人的注意。其实他们以前也注意过我,只是我从来不关注这种事。那时的我在食品室里写剧本,在忙着隐藏自己。而现在,我则忙于保护我自己,以免最近发生在我生活中的事情影响到我。

我渐渐意识到这一切都是生活的一部分。

腼腆。

内向。

一层层的脂肪。

我这个书呆子一样不言不语的作家似乎在一夜之间……功成名就。即便是个演员,成名都被认为是你把工作做到最好后所付出的"代价"。

那对作家而言呢?

成名带来的最意外的震撼在于这件事……让你很震惊。还有一点点可怕。大部分作家并不打算成名,他们只希望穿着睡衣独自坐在食品室里做梦。他们只打算讲故事,只打算创造世界。他们就是这样的人。

我就是这样的人。

曾经的我就是如此。

然后，以最疯狂、最神奇的方式，平地里响起一声惊雷。人们开始知道我的名字，认得我的模样。随之而来的是他们在各种各样的地方投来的关注。

一些此前从不留意我的人都开始关注我。现在，他们齐刷刷地朝我看来。他们在笑，表现友好，为我提供很多东西。

我不希望成为人们瞩目的焦点。在别人的目光下，我很不自在。我只愿意写作，我只愿意和相识多年的同一班老友相聚，然后一个人待着。

在这座城市里，要怎么才能做到这一点呢？

你的身体成为装载大脑的容器。

这是个超棒的安全系统。

可是，我现在暴露在别人的目光下。而且，在别人的关注中，我感觉如鱼得水。我渐渐习惯了别人的注视。我意识到，我在一定程度上愿意得到别人的关注。

愿意得到关注也没什么。

愿意得到关注也没什么。

喜欢受人瞩目也没什么。

我现在是人们关注的焦点。

当我从镜子前走过，也发生了一件神奇的事。我看了一眼镜子，心想："这人是谁？"镜中的那个女孩自打十六岁开始就没这么瘦过。她显得更年轻，仿佛她又赢得了一次基因彩票。

但那个女孩就是我，我看到了我。

我喜欢我现在的样子。

那个女孩子看起来很幸福。

做到这一点，我不过是说对了一个"我可以"。

还有沙拉。

噢，是呀。事实证明了吗？

事实证明了贝西说得对。

训练自己爱上沙拉的确大有帮助。

我讨厌她说得对。

第九章

我愿意加入俱乐部

开始说"我可以"的大约一年后，克里斯一号打电话通知我，在年度娱乐圈女性早餐会中，我被授予了《好莱坞记者报》雪莉·兰辛奖。他还说我必须发表获奖感言，说这话的语气极其温柔，是精神病院护士才有的那种圆润语调。

说完，他就等着我发怒崩溃。

这可不是普通的讲话。不错，达特茅斯学院毕业讲话已经是大场面了。但这次的讲话更是非同一般。听演讲的可不是对未来翘首以盼、期待能得到指导的达特茅斯学院毕业生。也不是一群充满希望、满心欢喜、为终于不用再支付昂贵学费而激动的家长。

从奖项的名字就可以看出，台下坐着的都是娱乐圈的女性，而且是娱乐圈里有影响力的女性。你知道我为什么会晓得这一点吗？《好莱坞记者报》为这个活动还搞了一个榜单，叫"娱乐圈百大最有影响力的女性"。

坐在会场听我讲话的女性中有些堪称传奇。雪莉·兰辛本人就会到场。

克里斯等着我大呼小叫。他等着我再向他唠叨着什么鸡骨头满场飞，珍妮·杰克逊露乳，吓得流鼻涕之类的话。良久，我都没说话。接着，我说道：

"好吧！"

"好吧？"他好像被我搞糊涂了，"你说好吧……好吧是什么意思？"

"好吧就是好吧。就是我答应了。"

克里斯认为我大概没听懂他在说什么。

"现在是要你讲话。"他一字一顿地说,而且说得很大声。好像我的听力出了问题。好像我已经七老八十了。

但我把他的话听得清清楚楚。我是很紧张,但现在是时候了。

会场里都是女性,而且是有影响力的女性,我上了榜单。从理论上而言,我也是有影响力的女性之一。从理论上而言,我和她们是一样的。只是……

对于榜单上的女性,我其实一个也不认识。说到底是什么呢? 是满会场的陌生人,有影响力的陌生人。

在这一年中,我过得很好,而我已经很久没过得这么好了。我很兴奋,我朝气蓬勃,我感觉浑身上下都洋溢着生命力。我进步了,我改变了很多,但这次我要面对的是真真切切有影响力的女性。

鸡骨头满场飞,珍妮·杰克逊露乳,吓得流鼻涕。

长久以来,我一直在做缩头乌龟,不与娱乐圈里的女性有任何交往。

现在我不该继续站在角落里,不该面墙而立,活在自己的世界,盼着我能想到一些话来说。从克里斯那西西弗斯式永无休止的逼迫中,从这一年说"我可以"的经历中,我了解到一点,那就是如果我不从壳里探出头,向人们展示我自己,那么大家看到的只有我的壳,永远都会以为我只是一只缩头乌龟。

现在是时候在榜单上取得一席之地了。

《好莱坞记者报》"娱乐圈女性"讲话

2014 年 12 月 10 日

加利福尼亚州洛杉矶

站在玻璃天花板上

那天，我的公关经理打电话告诉我得到了这一奖项，我的五官都拧在了一起，这么问道："你确定？是我得奖了？"

他说："是的。"

我说："为什么？"

然后，我又说："这到底是为什么？"

我叫他去弄一份书面文件，解释我的获奖原因。因为我真的很担心是有人弄错了。

说到这里，我要讲一下，我那么做并不是因为我很自谦，我不是一个会自谦的人。我反而觉得自己很出色，不过我也认为《好莱坞记者报》雪莉·兰辛奖是个非同寻常的奖项——雪莉·兰辛本人亦是如此。

那么……说真的，我为什么能获奖呢？

他们真的用书面形式说明了我的得奖原因。他们说了很多溢美之词，但主要原因则是，此奖项是为了表彰我以非裔美国女性的身份，冲破了娱乐行业的玻璃天花板（指限制某些人口群体晋升到高级职位的障碍。——译者注）。

好吧。

我给我的公关经理打电话。

因为我有点搞不清楚状况。我是说，我现在很担心。

我来自一个争强好胜的大家庭，我们的好胜心强到了极点。就因为我们求胜心切,我母亲甚至会禁止我们在聚会时玩填字游戏,不然的话,我们不是打架打得鼻青脸肿,就是哭天抹泪。我家里有条惯例,那就是我们得不到参与奖,而且不可能因为我们是我们而得奖。所以,今天因为我是个非裔美国女性而得奖,感觉……

我生来就有个不错的阴道,就长了一身好看的棕色皮肤。

这两样与我都没有关系,都是天赐的。

换成碧昂斯,她会说:"我一觉醒来就是这样。"

我说真的。

我明白,这个奖颁给我,不是因为我是个女人,也不是因为我是非裔美国人。我知道,真正原因是在这个以白人男性为主宰的行业里,我身为一个黑人女性,竟然冲破了玻璃天花板。

但我从未冲破过任何玻璃天花板。

"他们知道我从未冲破过任何玻璃天花板吗?"我问我的公关经理。

他向我肯定我确实冲破了。我则向他保证我没有。

我并没有冲破任何玻璃天花板。

如果我冲破了任何玻璃天花板,那我肯定知道。

如果我冲破了玻璃天花板,我的身上会有伤口,会有淤伤,头发里会有玻璃碎片。我会流血,我会受伤。

如果我冲破了玻璃天花板,那意味着我来到了另一边。那里空气新鲜,会有风吹到我的脸上。而那里的风景——从破碎的天花板上看出去——一定会美不胜收。对吗?

那我怎么不记得有这样的时刻?我是在什么时候,带着我的女性身份和棕色皮肤,全速奔向——让重力去见鬼吧——厚厚的玻璃板,并将之冲破?

我怎么不记得发生过这样的事?

原因是这样的:

现在是 2014 年。

此时此刻，我站在这里，有一身棕色皮肤和一对乳房，还有我的周四档电视剧，我的电视剧里出现了有色人种妇女，她们争强好胜、坚强自主，拥有她们自己的身体，她们的生活以事业为重心，而不是围着男人团团转，个个都是大人物。此时此刻就是这样一番情景。

想想看吧。

看看这个会场。在座的各位好莱坞女性有着不同的肤色，你们是制片厂的高管和负责人，是副总裁、节目主创和导演。在这里的很多好莱坞女性都有能力改变游戏规则，有权表示同意和反对。

十五年前，世事还是另外一番景象。或许有一些女人在好莱坞叱咤风云。但太多女孩子都在做学徒或助手，咬着牙拼命工作。对于很多像我一样的人，如果非常非常走运的话，或许能得到一部小型电视剧、一个小小的镜头。在这部小型电视剧里，不会有有色人种女演员担当主演，不会有刻画得入木三分的同性恋、双性恋或变性者角色，不会有任何身居要职、家人围绕的女性角色，在任何场景中一次不会出现两个有色人种角色——只有情景喜剧中才会出现这种情形。

三十年前，我估摸大概会有一千位女秘书在办公室里想办法躲开毛手毛脚的老板，而这个会场中只会出现两名在好莱坞谋生的女性。如果我当时在场，八成是在为那两位女士端上早餐。

而五十年前，如果女性想要在一个房间里聚会……最好谈的是育儿问题或慈善事业。黑人女性在一个房间，而白人女性则在另一个房间……

从那时到现在……我们实现了不可思议的飞跃。

想想所有那些人吧。

五十年前我们力图不再划分房间，三十年前我们力图不做侍餐女佣或不被老板性骚扰，十五年前我们尝试证明可以和男人一样，管理一个部门。

所有那些女性在我之前来到好莱坞，不管白皮肤、黑皮肤或棕色皮肤，她们生来如此。

想想她们吧。

昂着头，目光紧盯目标。

全速奔跑。让重力去见鬼吧。

向着厚厚的玻璃天花板冲过去。

全速奔跑，撞击。

撞击天花板，落下。

撞击，落下。

撞击，落下。

一个又一个女性前仆后继。

每个人都全力奔跑，奋勇撞击。

所有人都落下。

要经过多少位女性的撞击，玻璃天花板才会出现第一道裂缝？

她们有了多少伤口，受了多少伤？她们用了多大的力量去撞击天花板？有多少女人去撞击，才能将之撼动，才能撞出一千道极细微的裂缝？

有多少女人撞击那块天花板后，她们的努力才会产生影响力，才会把厚厚一块玻璃板磨成冰一样布满裂缝的薄板？

就这样，轮到我跑的时候，那块天花板已然没有了天花板的样子。

我是说，已经有风穿过它吹过了过来——我自始至终都感觉风拂过我的脸。那上面还有很多洞，让我清楚地看到了另一边。我甚至都没注意到重力，我估摸重力已经消失了。所以我并没有大费周折。我还有时间去研究裂缝。我有时间确定哪里的空气最新鲜，哪里的风最冷，哪里的风景最美丽。我选择了玻璃上的一个点，将之称为目标。

我跑了起来。

我终于撞击到天花板，将它撞成了无数碎片。

就是这样。

前人种树我乘凉。

没有伤口。没有淤青。没有流血。

撞破天花板来到另一边，只是沿着其他女性踏出的路奔跑而已。

我只是选择了正确时间和正确地点去撞击而已。

所以，今天我破坏了我家的规矩。

这就是一个参与奖。

得到这个奖，我不仅仅感到光荣和骄傲。

因为这是集体努力的结果。

感谢今天在场的所有女性。

感谢所有永远不会进入这个会场的女性。

感谢在我们以后的所有女性，你们的舞台将比这里大上一百倍。

是你们鼓舞了人心。

第十章

是的，谢谢

　　《世界时装之苑》杂志及其主编罗比·迈尔斯主办了一场晚宴，以表彰电视界的女性，我也参加了。这又是一个"我可以"的活动。在刚刚开始说"我可以"之际，我很害怕此类活动。寒暄、紧张、摄影师——这些令我难以承受，让我的大脑变得僵硬。可到了此时，说"我可以"的一年即将结束，我发现自己竟然有些盼望参加这样的活动。我感觉轻松惬意。我对着摄影师微微含笑，我在大批记者面前走进活动现场，到了那里，我与才华横溢的作家和我喜欢已久的演员谈笑风生。

　　呼气，吸气。

　　我不再像往常那样，一参加派对就有种沮丧不安的可怕感觉。是那种凄凄惨惨、格格不入的感觉，如同把鼻涕横流的鼻子贴在冰冷玻璃上。

　　人们望着我等我说话，我不再深陷令人不安的沉默。我不再像大理石雕塑一样站着不动，希望我僵硬的身体能奇迹般地让我不引起别人的注意。我不再担心自己会把鸡骨头丢到房间另一边。

　　现在我一次只需要穿一条斯潘克斯牌塑身衣。这会儿塑身衣依旧弹性十足。然而，我仍需进步。

　　"我一定会度过一个美妙的夜晚"这种念头会出现在我的脑海中。

　　在上菜之前，罗比·迈尔斯向我们致意。她很聪明，为人风趣，不光喊出了我们每个人的名字，还指出了我们每个人。然后，她解释为何在场的女性会进入该杂志评选的电视界成功女性榜单，还一一道出了每位女性的成就。

她们的成就富含创新精神，勇气可嘉，令人印象深刻。很多具有影响力、成就不凡的女性都坐在桌边。

然而，当主编指着每一位女性，细数她们的不凡成就之际，每一位女性都无一例外地——

无一例外地——

做出了下面的举动：

第一，摇头，别转目光，对赞美之词和随之而来的掌声摆摆手，仿佛是在说："不不。不是这样的。没有她说的那么好。我只是在拖地板时摔了一跤，无意中写出了那个剧本。"

第二，低下头，露出尴尬的表情。"我吗？她在说我吗？不要说我了，不该有人提到我的。还是去说别人吧。"若是在点到她们名字之际有人欢呼喝彩，她们便会用手捂住脸。活像是不忍去看在她们面前上演的一桩悲剧。

第三，大笑。这个笑有些窘迫，有些尴尬，有些震惊，像是在说"真不敢相信我竟然和这些出色的人坐在同一张桌上，因为她刚才介绍的关于我的事是这世上最大的谎言，可他们还是让我进来了"。她们的一举一动都像是在说："哇……哇。"

我选择了第二扇门。

罗比·迈尔斯喋喋不休地讲了所有我做过的事，说我如何改变了电视剧对女性角色的刻画，改变了电视剧对有色人种的诠释。我低下头，使劲儿晃着脑袋。还用手捂着脸。等待人们转移注意力，等待掌声"熄灭"。

各位，这里没什么好看的。请您移步吧。

第二扇门。

后来，主编在我身边坐下，兴高采烈地说了一句话，大致的意思是："珊达，你是从什么地方来的？俄亥俄州吗？"

我的回答则是："你有没有注意到，在场的每一位女性都受不了被人夸奖？我们到底是怎么了？！"

主编眨眨眼。我对餐桌对话的规矩一窍不通，不晓得一上来应该寒暄几句，应该循序渐进。我反而一开始就直奔主题。

她眨眨眼，跟着微微一笑。

接下来，我与陌生人进行了一次坦诚而有趣的谈话，与此同时，我的塑身衣太紧了，我的大脑一直处在缺氧状态。

但这个问题把我难住了。

让我困惑不已。

让我感觉后脖颈痒痒的。

在场的每一个人听到别人说"你很优秀"，都会有些不知所措。别人夸赞我很出色，我也不知该如何面对。我们到底是怎么了？

我想不出答案。

因为没有答案，我做了现在我在这种场合都会做的事。

我决定说"我可以"。

我发现我自己这么做的次数越来越多。

我没有纠结于问题不放，我只是想办法弄清楚说了"我可以"后会怎样。

有时候我会百思不得其解，但大多数情况下这个办法都能奏效。

说"我可以"，关键在于向令我恐惧、对我构成挑战的事情说"我可以"，所以，为了对某个问题说"我可以"，我必须弄清楚这个问题在哪些方面对我构成挑战，或是令我害怕，或是让我崩溃——然后我就要对那个方面说"我可以"。

这感觉就好像违反直觉做出疯狂之举。

但我渐渐明白，这根本谈不上疯狂。我在荒野中狂奔，周围黑得伸手不见五指，遍布荆棘丛，蜿蜒向上的小路怪石嶙峋，我正骂骂咧咧，这时候——

我忽然来到一片空地，发现自己站在山顶。空气进入我的肺。阳光洒在我的脸上。

这不是疯狂，只是不屈不挠。

这就好像动手术。除非找到创口并将之处理好，否则绝不能缝合病人的胸口。问题在于切开的胸腔，创口就是挑战，说"我可以"就是手术。

你现在肯定是在嘲笑我打的这个比喻吧？

肯定是。我都感觉到了。

放我一马吧。

我写了十二季的《实习医生格蕾》，伙计，就算是在睡梦中，我也能为你做全血细胞分析，做化学 –7 血液测试，能为你测定血型。你知道如何诊断阑尾炎吗？发热，按压麦氏点后病患会产生刺痛感。术后发热的常见原因是什么？是五个 W，即 wind 风（肺不张，肺炎），water 水（尿路感染），walking 走路（深静脉栓塞或肺栓塞），wounded 创口（手术部位感染）和 wonder drugs 神丹妙药（药物热）。

你现在要分娩吗？我可以给你做剖腹产。

你不愿意让我做。

但我能做。

我手下的编剧只要是怀过孕的都会告诉你，我能做。

重点是，我打了一个医疗方面的比喻。

另外一个重点是，如果你在我面前昏倒，我会剖开你的胸腔，给你植入左心室辅助装置，并开始管你叫丹尼（《实习医生格蕾》中的人物，接受了心脏移植手术。——译者注）。

所以，和我在一起的时候，还是尽量保持清醒吧。

向保持清醒说"我可以"。

好吧。

我决定了。我决定，如果这么难才能爽快承认我取得了成就，才能接受称赞，才能不低着头、选择二号门，那我就要说"我可以"，坦然接受对我个人成就的赞美，清晰而冷静地回答一声"谢谢"，并且报以自信的一笑。

我要说"我可以"，然后看看结果如何。

说起来容易做起来难。

有人说："我很喜欢看你的电视剧。"

你猜我怎么回答？

我说："噢，老天，我只是走运而已。天赐好运。功劳不是我的，还要多亏了我的同事们。"

就是这样。瞧吧。

我的同事？他们都很出色。我周围真的有很多人，演员、执行制片人、导演、布景师、服装设计师、助理导演、舞台工作人员、勤务员、司机、编剧，很多很多人。他们才华横溢，没有他们，珊达领地压根儿就不可能存在。美国广播公司也有一大群很酷的人，他们也发挥着至关重要的作用。我的代理人克里斯。我的律师迈克尔。是很多人一起努力，才把珊达领地打造成一个富有创造性、快乐和成功的地方。

所以，重要的是每一个和我共事的人。

但我为何要说"功劳不是我的"呢？

我也有功劳。

我也有份。

成就是我和他们一起努力的结果。

是我们。

我是出于什么想法，才会说出那句"我只是走运而已"？

我不仅仅是幸运。

成功的人都不只是幸运使然。

这世上绝无"她摔了一跤，刚好摔在电视剧收视排行榜上"这种事。

若说"幸运"，就抹杀了我所做的一切。"幸运"表示我所有的一切都是上天赐给我的。"幸运"表示我所有的一切不是我付出努力、辛苦工作换来的。

亲爱的读者，但愿你永远都和"幸运"二字扯不上关系。

我并不幸运。

你了解我这个人吗？

我很聪明，我有才华，我抓住了机会，并且非常非常努力地工作。

不要说我是个幸运儿。

叫我捣蛋鬼好了。

❖ ❖ ❖

好吧。现在我要向你坦白一件事。

一切都要从一次演戏说起。

在一定程度上，我的大脑在冲我尖叫，说我不该如此夸赞我自己。一边尖叫，一边扭动着小手，紧张地跳来跳去。

"你怎么能大声说出那种话呢！别人会以为你觉得你自己……"

我觉得我自己什么？

过于自我。

自命不凡。傲慢。厚颜无耻。

自恋。

觉得我很特别。

战栗。哆嗦。跳来跳去。

精神错乱。

我把对我自己的夸赞都写了下来，作为说"我可以"的一部分。这件事做起来很难。在写的时候，我真觉得自己是个不折不扣的傻瓜。但可悲的部分是什么呢？"捣蛋鬼"吗？那根本不是溢美之词。

而是事实。

更加可悲的部分呢？

我有没有说我其实很担心人们会认为我过于自我？我很担心人们会

认为我自认为很特别？担心人们会以为我很自恋？

等等。

这难道不是目标吗？人们不是掏钱请有执业执照的治疗师探索他们的内心，让他们爱上自己，觉得他们很特别吗？

现在，让我们都戴上格洛丽亚·斯泰纳姆（演员，美国女权运动先锋。——译者注）那件羊绒思考帽？看看我们能否解开这个难题：一个女人自命不凡、傲慢、厚颜无耻，那与之相反的人是什么样？

什么样的人？

是温顺、淡泊、腼腆的女人。

鲁思·巴德·金斯伯格大法官和女王碧昂斯想要成为温顺、淡泊、腼腆的女人？！

你想吗？我是不愿意的。

我满腔愤慨。

但我依然不能坦然接受别人的赞美。

我认识的其他女人也做不到。

你知道吗？在我看来，我们从小受到的教育就不允许我们这么做。

❖ ❖ ❖

敏迪·卡灵毕业于达特茅斯学院。我也曾在达特茅斯学院求学。事实上，上过达特茅斯学院的好莱坞女性在一起，就好像一个小圈子。她们中包括康妮·布里登，雷切尔·德莱奇，爱莎·泰勒。

什么？五个人也是个小圈子。

重点不在于此。重点是，有一天，我正闲坐着，正琢磨着我自己的事，这时候小圈子里的一个成员（我其实并不认识她，但我很喜欢她的电视剧）给我打电话。这可是真的。

敏迪·卡灵竟然给我打电话。

现在我要说明一点，在电视剧播出季，我并没有看很多电视剧。因为我要工作。但只要播出敏迪·卡灵的电视剧，我一定会看，尽量一集不落。

敏迪·卡灵竟然给我打电话。

她问我是否愿意到她的电视剧《明迪烦事多》中客串个角色。

要我去表演。

要我像个演员一样。

要我像个演员一样在她的电视剧里表演。

每到那部电视剧播出的时间，我一定守在电视边上，从不曾错过。

主演那部电视剧的是敏迪·卡灵。

她是在开玩笑，对吧？

他们会用摄影机把我拍下来，并搬到网上，到时候大家都会把我当成嘲笑对象，高中时我所有的恐惧届时都会变成真的。所以，这绝对是个玩笑。

但事与愿违。她是认真的。

敏迪·卡灵是认真的。

她希望我去《明迪烦事多》中表演。

不是发表演讲。

不是去脱口秀节目做嘉宾。

而是当个演员。

表演。

扮演一个虚构人物，是呀。然而……

表演。在电视上播出。

我其实没有选择。说"我可以"的一年尚未结束。

还有呢？我很喜欢她的电视剧。

还有呢？

敏迪是我在达特茅斯学院的校友，是小圈子的成员。

而且，敏迪是"第一，唯一，不同"。

第一，唯一，不同。

我很想知道作为一个印度裔美国女性，她被问到了多少问题。大概与身为非裔美国女性的我被问到的问题一样多。

作为非裔美国女性，你在填补空白后有何感觉？

我在这里要说一个小妙招。不管你是怎么填补了空白，答案永远都是一样的：我不知道。我一生下来就是个黑人女性，没有其他身份，所以我能告诉你的感觉无异于白人女性的感觉。你这个问题太叫人毛骨悚然了。别再问了。

我敢打赌，敏迪和我一样讨厌"第一，唯一，不同"。

于是，我说了"我可以"。

我刚一说"我可以"，便开始担心后面的事。我琢磨着都有哪些办法可以辞演。我想到我可以得重病。我生活中第三个克里斯（如果你没有错过前面的内容，就会知道我的公关经理叫克里斯，我女儿的教父叫克里斯），我的代理人克里斯·西尔伯曼说我没办法辞演。他说我答应了，他告诉别人我会去演。他说我要去演。他说得很肯定。

我想到公关经理克里斯和代理人克里斯肯定谈过了。

提醒我要对此事做点什么。

我为什么会如此害怕呢？

我并不担心我会在拍摄期间惊慌失措。我拍了一个钟头的《吉米·坎摩尔直播秀》，还不是熬过来了。我可以坚持几个镜头，而且不会张大嘴倒吸气。

我并不担心去片场，和演职人员待在一起，听他们尖酸刻薄地嘲笑我。反正演职人员都是很棒的人，谁也不会取笑片场里的嘉宾。

我担心的是播出以后。

倒不是我担心自己的演技。我估摸人们在看完我的表演后，不会说："老天，梅尔·斯特里普，你赶快息影吧，现在我们有册达了！"我觉得甚至他们都不会让社区剧院的业余演员回家待着。但我知道我不会让自己颜面扫地。那个……我或许会让自己颜面扫地，但我好歹也制作过一些电视剧，老兄。我知道剪辑室是个充满魔力的地方。要是我在《明迪烦事多》片场出尽了洋相，制作人会好心地通过剪辑来弥补。然后，如果他们够聪明的话，会用那些镜头敲诈我一生。

我担心人们会小声说："她以为她是谁，竟然还跑去演电视剧？她以为她是谁？她也太自视甚高了吧。人们如今都这么自恋了吗？"

这下你知道了吧。

我害怕的是人们会觉得我自恋。

❖ ❖ ❖

我上推特网，看到一则来自某个母亲论坛的推特信息。它是这么写的："缺少睡眠是母亲的荣耀勋章。"

什么？

荣耀勋章？

此时此刻，我简直怒发冲冠。一看到这句话，我就火大。我心中的怒火比任何时候都要强烈，因为到现在，我依然有我大女儿刚出生那阵子留下的创伤后精神紧张性精神障碍。

我那个完美、漂亮、神奇的宝贝。

她不睡觉。从不睡觉。

我也没法睡。

虽然过了十二年，可对那些夜晚的回忆，对困倦难挨的回忆，依然令我难以站稳，微微摇晃。你要想折磨某个人吗？那就让他去照顾一个不爱睡觉的可爱婴儿吧。

荣耀勋章？

说那是不愿见其发生但又无法避免的事，倒还说得过去。或者是令人不愉快的事，也说得通。

荣耀勋章？

你是在跟我开玩笑吗？谁会相信这种蠢话？谁会相信这种疯话？

但很多人都相信。大多数人都这么认为。

我无数次听到人们表扬女性展示出牺牲小我的特点，而在此之前我从未想过这种事情。当我真正开始思考，便意识到通常用来表扬女性，特别是母亲的语言，才是罪魁祸首。

"她为孩子们牺牲了一切……她从来不为自己着想……她为我们放弃了一切……她不知疲倦地工作，让我们拥有我们所需要的一切。她屈居幕后，她是我们翅膀下面的风。"

贺卡公司就是根据这样一种想法创立的：

"告诉她，她在这一年里做的点点滴滴的小事看似遭到了忽视，实则对你意义重大。"

每张卡片 2.59 美元。

母亲节也是根据这个想法设立的。

他们告诉我们这很好。母亲不注重自身、牺牲自己是好的。这一点传达的信息是：母亲们，你们太伟大了，太好了，因为你们让自己变得渺小，无视自身的需要，孜孜不倦地在幕后辛苦工作，没有人感谢你们，没有人注意你们……因此，你们都是非凡的人。

啐。

这到底是什么信息呀？

有人会为此表扬一个男人吗？

没有人希望徐徐灌输他们的女儿这些概念，对吗？

对吗？

我并不是说母亲不该得到表扬，母亲应该受到赞美。母亲很伟大。我就是这么做的，我觉得母亲很伟大。

由于各种各样的原因，可以并且应该表扬母亲。但为了培养默默无闻、牺牲精神、在不知疲倦工作的同时还求注意不求赞颂的观念，才去赞美母亲？这根本不是原因。

为了女性甘居幕后而赞美她们？

错。

赞美我认识的那些母亲的卡片在哪里？或者更确切地说，表扬那种将我养大的母亲的卡片在何处？

我需要一张卡片这么写："母亲节快乐。作为母亲，你教我坚强、强大、独立、有好胜心，做真实的自己，为了自己想要的一切而努力。"

或是这么写："生日快乐，作为母亲，你教我在必要时一定要去争辩，为了信仰要大声疾呼，当我知道自己行得端坐得正，就决不退缩。"

或是："妈妈，谢谢你教我要在工作时倾尽全力。早日康复。"

或者只是说："妈妈，谢谢你教我如何赚钱，并为此感觉良好。圣诞快乐。"

对于我尝试去做的那种母亲，贺卡在哪里呢？对于我需要我的孩子看到的那种母亲，贺卡在哪里？对于我希望我的女儿们有朝一日成为的那种母亲，贺卡又在哪里？

如果没有贺卡，还有什么呢？

还有我。

我必须成为给我自己的贺卡。为了做到这一点，我至少要能坦然接受赞美。

❖ ❖ ❖

我的第一次尝试简直是个悲剧。

"你穿这个颜色真美。"

我此时在电梯里。只有我和另外一个人。一个很英俊的男人。他还冲我笑。这个帅哥为什么对我笑？

我是有名的智障，一点也看不出别人是在和我调情。后来，我的朋友戈登告诉我："呆瓜，人家是在和你调情呢。他这是想见见你的'客户'。"戈登这人不说上床，只说"见你的客户"。而"客户"就是我的——

现在言归正传。

我盯着这个或许想见"客户"的帅哥，有些丈二和尚摸不着头脑。他扬起一边眉毛。

说话呀，珊达，说话呀。

最后，我终于想到该说什么了。

"什么？"

我就是这么对他说的。而我说"什么"这两个字的语气，可不是那种可爱调情的语气，最后两个音节音调上扬。我的语气平平淡淡，就像"建筑工人回去工作"那样无波无澜。

那个有可能见到"客户"的人看起来有些吃惊。

"我是说，你穿那个颜色很好看。"

我低头看看我的裙子。天蓝色。我知道这是天蓝色，是因为梅尔·斯特里普在《穿普拉达的女王》中就这个颜色有一段激动人心的话。

我喜欢梅尔·斯特里普的作品。我知道每个人都喜欢，但我是真心喜欢，比你们喜欢的程度要深。我爱死了梅尔的作品，不管她扮演什么样的角色，我都会全力支持。所以，当很多人都认为《穿普拉达的女王》不过是在说那个女老板有多卑鄙，我知道他们错了。在我看来，很显然这部电影是在大胆揭露找个出色助理有多难这个现实。顺便说一句，梅尔或许知道该如何坦然接受赞赏。梅尔，还有你的天蓝色，加油吧。

和那个男人——那个想与"客户"见面的人——站在电梯里的时候，我想到的就是这些。现在你该知道我在与人寒暄时有多笨了吧。

但我的裙子是天蓝色的，他喜欢。他喜欢我穿这个颜色。

等等。

他说他喜欢这个颜色。

我意识到了这一点，这种事真的发生了，我的机会来了。

说呀，说谢谢，然后微笑。不要说别的。不要道歉，不要后悔自己竟然如此厚颜无耻，穿了一件别人会喜欢的裙子。只要自信勇敢地站着即可。你也要喜欢你自己，认为你很称这个颜色。

"谢谢。"我说。

很好。笑哇，珊达。闭上嘴，珊达。

我强挤出一个笑容。形势从此时开始急转直下。

我估计大概是因为我的嘴巴太干了，或是我很紧张，或是我一门心思要做得妥妥当当，结果我的笑容竟然……有些吓人。

跟野牛比尔的笑不相上下。不是那个牛仔野牛比尔，而是《沉默的羔羊》中的野牛比尔，他强迫你把乳液涂在皮肤上，不然就得再次穿上长筒袜。

我那个笑哇。恐怖，嘴巴咧得老大，既像食尸鬼，又像小丑——他看到的八成就是这样一个笑，因为片刻之前有可能还在和我调情的帅小伙此时躲到电梯一角，离我远远的，仿佛我是个僵尸，要吃掉他的脑子。

要命的是我没有听之任之……我没有任其自然，告诉自己"随便吧，下次做好点就行了"……我没有任由鸡骨头仅仅做一根鸡骨头，我竟然开始向那个可怜的男人解释了起来。

"有点可怕，对吧？我是说我的表情。我是在笑。但我搞砸了，我是要坦然接受赞美，只是还不太习惯，而你正好是第一个……第一个试验对象，我没想到会在电梯里遇到这种事，你知道的，哈哈，所以，你说我穿那个颜色很好看，顺便说一句，那是天蓝色，我就是有点——"

叮。

电梯门开了，喜欢我身上这个颜色的帅哥连忙从电梯里那个疯女人身边跑开，逃命去了。在此我要表扬我自己一下，因为我并没有追上他继续解释。相信我，我是很想这么做来着。但我不能那么做。我正要去我的妇科医生办公室呢。

契恩医生要见见我的"客户"。

半小时后，契恩医生（我叫她康妮，因为对任何深入我身体的人，我都必须叫他们的名字），康妮，站在我的双腿之间，我的双脚则架在镫形架上。她操作着窥镜和棉签，检查我的私处，天知道她在查看什么。或许她能在那里发现我是个高贵的人。

"你的子宫状况很好！"康妮大声宣布。

我用手肘支撑起身体，低着头看她。

"谢谢你，康妮。"我说完笑了笑，除此之外我什么都没说。

我这不是在吹牛，我只是说事情就是这样发展的，伙计们。

❖ ❖ ❖

一晃好几个礼拜过去了，对于"谢谢，微笑，闭嘴"，我做得越来越轻松。我是进行了一番练习，但我渐渐地越做越好了。

谢谢，微笑，闭嘴。

我允许自己听别人的溢美之词，不为自己的成就道歉，没有不愿听或是否认自己这么好，每当这个时候，发生了什么？

我竟开始重视这些夸奖。

这些夸奖对我很重要。

有人特意花时间来表扬你，这对我而言很重要。

没人有义务去夸奖你。

他们这么做是出于好意。

他们这么做是因为他们想这么做。

他们这么做，是因为他们相信他们夸赞得对。

所以，当你反驳别人的赞美之际，就是在告诉他们说错了，是在告诉他们这纯属浪费时间。你是在质疑他们的品位和判断。

你是在侮辱他们。

如果有人想要夸奖你，那就让他们夸好了。

但这还不够。我开始意识到，这甚至连重点都算不上。

这就好像摆出和神奇女侠一样的姿势。

"谢谢，微笑，闭嘴"很好。对你而言，这很好。

但这就是个姿态。

是"在你做到之前，一直假装你能做到"。

不是真的。

我可以站在那儿摆出神奇女侠的姿势，一整天都不动，但这并不能让我成为神奇女侠。因为神奇女侠不再双手掐腰，信步走开的时候，从不对她的朋友说："不，老天，我不是英雄。这个世界得到拯救只不过是它自己幸运。我什么都没做。我是说，如果没有了套索和手镯，我就彻底迷失了……我是说，我只是个身高六英尺、心怀梦想的女战士。"

如果神奇女侠是这样，她一定会杀了她自己。她一定会用她的隐形飞机从那个温顺、淡泊又局促尴尬的神奇女侠身上碾过去。

神奇女侠不会假装。

神奇女侠是实力女神的典范。

这是一个词。

实力女神。

我知道这是一个词，因为我只输入过两遍这个词，当我的电脑问我是"忽略"还是"添加进字典"之际，我选择了后者。被收入了字典，当然就表示这个词确实存在了。

实力女神。

这是个词。字典是这么解释的：

实力女神：

1.（名词）知道自己的成就和天赋，接受自己的成就和天赋，赞美自己的成就和天赋。2.（名词）神神气气地过自己的生活：Swagger（神神气气）（名词或动词），指一种状态，爱自己，一觉醒来就是这个样子，宠辱不惊。首先是由威廉·莎士比亚创造。

神奇女侠不会假装。神奇女侠说到做到，神奇女侠做人神气，是实力女神。

神奇女侠听到赞美，会这么说："是呀，我是英雄。是呀，我拯救了世界。然后呢？"

神奇女侠不担心她的朋友会多想。神奇女侠不担心人们会觉得她认为自己最强。

为什么？

因为在使用套索和魔力手镯、驾驶隐形飞机的时候，神奇女侠就是比别人强，她就是神奇女侠。你看到她的靴子了吗？

如果小威廉姆斯对记者说这样的话："我是你这辈子见过的最好的网球运动员。"那我敢打赌，她并不担心人们会觉得她自认在网球方面比别人厉害。因为她是小威。

这就是神气，这就是实力女神。

还想听更多的例子吗？

你觉得奥普拉不知道她是史上最好的脱口秀主持人？你觉得她夜里睡不着觉，担心人们认为她自以为是最好的主持人？不。奥德拉·麦当娜创纪录地六次获得托尼奖，她绝不会担心有人认为她相信自己是个更加出色的百老汇演员，不然的话，她甚至都不会去参加彩排，是吗？

我感觉茱莉亚·查尔德会昂首阔步，神气十足。

还有泰勒·斯威夫特。

还有各种各样年轻的实力女神。

碧昂斯，马拉拉，莫恩·戴维斯（美国少棒女投手。——译者注），第一位女性陆军游骑兵，米丝蒂·科普兰。

还有很多很多。

我想重点是：每个人都有自己擅长的领域。

你是这样，那边的那个女孩子也是。左边那个家伙有自己的本领，但若要挖掘那个领域的价值，你就必须拥有它，必须控制它，必须相信它。

小威并不担心她的朋友因为打网球不如她好而伤心。你知道这是为什么吗？因为为了打得和小威一样好，就必须确定你的目标是成为网球领域中的第一人。

然后，你就必须努力实现这个目标。

而且，你还要接受你比别人都要强这个现实。

《实习医生格蕾》大受欢迎，最惊人的地方之一就是我因此变得很不快乐。

我很害怕，很悲惨，很紧张，还很难为情。

我父亲常常这样告诉我们："成功路上的唯一障碍便是你自己的想象。"他常把这句话挂在嘴边，有时候我甚至做梦都会梦到。

他自然说得对。

然而，当成功来临之际，我却不知道该怎么做。我的很多作家朋友都还在苦苦挣扎。忽然之间，我不再是他们当中的一员，我成了局外人。我并不肯定这个改变有何意味，我希望一切都维持原样。

我觉得不该庆祝。当所有人都处在同一个运动场上，争强好胜没什么所谓，但当你成为唯一获准参加比赛的人……

我接过奖杯，塞进柜子后面，我不与任何和电视剧无关的人谈论电视剧。决不。即便有人提起了这个话题，我也只是耸耸肩，垂下头，摆摆手，不去搭话。

不，别看我。套索？手镯？这些都没什么。

工作让我如此兴奋。我热爱电视，热爱电视具有的魔力、速度、兴奋、创造力。我写道："室内手术室。"结果他们真的就搭建了一个手术室，像是有魔力吧？

手术室建好的转天，我一整个下午独自一人待在里面，玩得不亦乐乎。那里是我的另一个食品室。

我抓起电击器，喊道："让开！"

我挥动手臂，大声喊道："见鬼，理查德，我们必须救活他！止血钳！"

梦想成为现实。

在工作时间以外，这一切都好像不存在了。我将它们推到一边，它们就好像一个不可告人的小秘密。我想到了"过分谦虚会埋没才华"这句谚语。我越是将一切推到一边，它们就显得越不可告人。我也就越不快乐。

面对一直在艰难奋斗的朋友们，我不知道该如何庆祝我的成功。我很担心他们会认为我觉得自己作为作家比他们优秀。我吃掉了很多食物，希望这样就能解决问题。顺便说一句，肥胖能带来平衡。胖了之后，成功就显得不那么有威胁了。

时光荏苒，我制作了更多的电视剧。

在办公室之外，我对电视剧三缄其口。

"我只是个作家。"

我经常说起这句话。这是我给出的平易近人的回答。我用这种方式让人们知道，我并不觉得我在做什么特别的事。我用这种方式让自己显得不狂妄自大。

"我只是个作家。"

一点实力女神的意思也没有。

并不神气活现。

我依旧无法承认自己是个强大的人，我拼命让自己显得渺小，尽可能地渺小。尽量不占用空间，不制造出太多声音。每次我得奖或是有大事发生，纵然我自己很出色，我还是会尽量显得傻一点，甜一点，简单一点。

我只是希望别人能感觉舒服点。

有意思的是，没人要求我这么做。

只是好像我应该这么做。

好像你也会这么做。

"我只是个作家。"

看到了吧，我并不享受成功。那根本算不得什么重要的事。我显然并不认为我很特别。我很明显并不自恋。

是呀。

我显然并不自恋。所有人都该认同这一点。

我并不晓得我还会改变。如果多萝西没有说那句话，也没有说"我可以"的一年。

是呀。

我现在可以接受别人的赞美了。谢谢。微笑。

可现在我有了这个新目标。我想要实现它。

实力女神。

我想要自由地表现出神气活现的样子。

我这样决定：好吧，去做吧，没问题。

"只要能实现，那就不是吹牛。"我每天早晨沐浴时都这么对自己说。这是我最喜欢的拳王阿里的名言。要我说，是拳王阿里创造了现代版的趾高气扬这个词。

我踏上征程，向着具有充分资格的实力女神迈进。

我周围的人立刻就注意到了这个变化。

我那三个最亲近的朋友甚至很喜欢分析这种情况。

斯科特告诉我，我如今的样子令他震惊。他告诉我，我以前不爱说话，现在则健谈了。他还说他喜欢这样的我。

左拉则说："你的整个精神状态都变了，你的一举一动都跟从前大不一样了。"

戈登说我看起来很快乐，也年轻了许多。他认为会有更多人来见我的"客户"。

我当然也感觉到了我自己的变化。这既可怕，也令人愉快。从心理上，我尝试尽我可能自命不凡、傲慢、肆无忌惮。我需要占多少空间就去占多少空间。不会为了让别人感觉好就让自己变得渺小。我允许自己毫无羞愧并且自在地发出房间里最响亮的声音。

我不仅仅是幸运。

我努力去认为自己很特别，努力爱我自己，成为我自己。

我在为成为实力女神而奋斗。

男人一直都是这样做的。接受赞美，勇往直前。他们不会让自己变得渺小。他们不会因为自身的强大而道歉。他们不会对自己的成就轻描淡写。

我发现，实力女神代表着一种全新等级的自信——不仅关于我自己，还涉及我周围的方方面面。现在我感觉我能看到我自己和我周围人身上很多闪光的方面。这就好像在过去，我总是躲躲藏藏、担惊受怕，又很不快乐，所以看不到我周围的人，看不出他们其实才华横溢，出色不凡。我觉得我一点也不积极，不能使他们开心，也不能鼓舞他们。在我只顾着躲躲藏藏、让自己变得渺小甚至微不足道的时候，我肯定做不到。

我开始觉得我们就像镜子。你得到的一切都会反射回来。你在自己身上看到了什么，就可能在他人身上看到，而他人在你身上看到了什么，他们也会在自己身上看到。

这很深奥。

或者说，这很愚蠢。

不管是什么，一切依然都要归结到神奇女侠身上。摆出她的造型，过了一会儿，你就开始感觉自己成了神奇女侠，人们开始看着你，看到的却是神奇女侠，而且，说来也怪，这样一来，当他们和你在一起的时候，感觉更好了。

人们喜欢和完整、健康、快乐的人在一起。

❖ ❖ ❖

有一天，我躺在草坪上，看着我的两个较小的女儿艾默生和贝克特跑来跑去。她们穿着浅蓝色"冰雪奇缘"超级英雄薄纱斗篷，是我姐姐多萝西给她们做的。我现在知道"冰雪奇缘"里没有超级英雄，但我经历了一场关于公主和女权主义的存在危机，试图将我女儿看到的人物标准化，我也搞不懂为什么商店里卖的女孩超级英雄内衣都是粉色的，而其实没有哪个超级英雄会穿粉色衣服——

你看，她们穿着浅蓝色"冰雪奇缘"超级英雄薄纱斗篷，因为我告诉她们，安娜是个少女超级英雄，有个邪恶的姐姐和一个同性恋哥哥，这两个人都不喜欢管理国家，至于原因嘛，就是因为他们有工作。你有你做母亲的方式，我有我的。

艾默生发出飞机的声音。还不到两岁的贝克特伸着圆滚滚的胳膊，转着圈地跑，一头鬈发飞扬着。接着，贝克特猛地停下，看着我。

"妈妈。"她笑着说。贝克特喜欢笑。

"妈妈，我很奇奇。"

艾默生停下来，大喊着纠正贝克特。

"是神奇！我很神奇！"

然后呢？

然后她们神气活现地走开了。

贝克特继续转圈圈。艾默生继续发出飞机的声音。蓝色的薄纱斗篷在风中飘动。

但愿我们都是两三岁，我心想。

她们绝不会为自己的非凡而道歉。她们不会为了任何人而让自己变得渺小。她们还创造她们自己的词。

那就是奇奇的实力女神。

我哈哈大笑起来。我很幸福。

现在的我很幸福。

❖ ❖ ❖

　　终于到时间去拍《明迪烦事多》了，而我已经准备好了。我拿出了所有的神奇劲儿，我拿出了实力女神的气派。然后，我出发前往片场。接下来发生的事情仿佛旋风一般，我和我最喜欢的几位演员站在一个很有达特茅斯学院风格的房间里。这种既像是在大学又像是在片场的感觉很不真实。我被告知先在这里说一句台词，然后站到另一个地方去。看这里、去那里。这样或那样走位。我尽全力乖乖听话，他们叫我做什么我就做什么。在摄影机面前表演竟然是这么难，突然之间，我对这份工作产生了全新的尊敬感。我还意识到，作为一个作家，我真的不了解我的电视剧拍摄现场。我很开心，我哈哈笑个不停，他们都对我很好。艾克·拜瑞豪兹在这部电视剧中既是总编剧也是演员，而从此之后，他成了我最喜欢的人。我和每个人都合了影。

　　我离开的时候脸上挂着笑容。

　　我想我不会再演戏了。但如果这是我唯一的表演经历，那它堪称完美。

　　那一集播出的时候，我做了一件最勇敢的事，绝对有神气十足的实力女神范儿。我坐在家庭娱乐室中间，打开电视，看了《明迪烦事多》。看到我自己，我连眉头都没皱一下。我并没有想"那个女孩以为自己是谁？"

　　我上上下下把自己打量了一番，心想："还不赖，事实上还有点奇奇呢。"

　　接着，我穿上我那件蓝色"冰雪奇缘"超级英雄斗篷，旋转起来。

　　是呀，我这个成年人也在转圈圈。我打开一瓶上好红酒，给自己倒了一杯。

❖ ❖ ❖

　　大约也是在这个时候，我的助手们送了一份礼物给我。他们知道我热衷于政治，就好像别人喜欢足球和棒球一样。我会看C-SPAN频道（连续二十四小时播出的有关立法和行政机构活动的新闻报道。——译者注），而且享受其中。我看大选之夜的报道，就像别人看超级碗进行的比赛，自从十几岁开始，每到美国总统就职日，我就守在电视机旁，看铺天盖地的报道。比尔·克林顿总统曾在《艾伦·德杰尼勒斯》说我从事的电视制作工作很重要，说他喜欢我所做的一切。

　　我撕掉精美的包装纸，只见里面是一件T恤衫。

　　T恤衫上写着：比尔·克林顿喜欢我做的一切。

　　还是用很大的黑体字写的。

　　我太喜欢这件T恤衫了，一看到，我甚至都高兴地尖叫起来。那件衣服堪称完美。但一颗卑微的心是不适合穿这件衣服的。那件T恤衫可谓彻头彻尾的"厚脸皮"，能让人鼓起勇气，让人神气活现。我下了很大决心，才穿着那件T恤衫走出家门。我拿出了更多实力女神的派头，才做到这一点。

　　我穿上T恤衫，整整穿了一天。若是有人对它发表评价，不管是夸奖还是刻薄的批评，我的答复只有一个：

　　"谢谢。"微笑。闭嘴。

　　实力女神打造完毕。

　　现在，请原谅，我必须把二号门锁上了。我得走了。时间差不多了，我该神气十足地去接受给我的掌声了。

关于时间

● 我可以永远说"我可以"

一晃到了 2015 年,我这才意识到说"我可以"的一年在几个月前就结束了。

一想到说"我可以"的一年结束了,我就感觉心里空落落的。一连好几天,我都以为自己得了什么病。一天晚上,我正准备上床睡觉,忽然意识到,我不是得了病,而是心有恐惧。

我刚刚开始明白,说"我可以"不仅仅能改变生活,还拯救了我的生命。我看到两条路出现在我面前:一条路很崎岖,布满岩石,一路蜿蜒向上延伸到山顶;另一条路则是康庄大道,只是向下延伸。就算会摔得满身淤青,就算会很疼,我也可以拼尽全力沿石路向上。我可以站在山顶,呼吸新鲜的空气,感受温暖的阳光,眺望在我面前铺展的整个世界。又或者,我可以选择那条好走的下坡路。那里没有阳光,没有空气,但那里温暖且安全。噢,那里有的是铲子。但实际上不需要太过费力。因为那里的土很软,就算我只是蜷缩着躺在地上,也会慢慢地沉进土中,而那里形成我的墓穴。

于我而言,这么多年一直说"我不行",就是无声无息地松手,是默默地放弃,是躲避世界、躲避光亮、躲避生活的一种很容易的方式。

说"我不行"是消失的一种方式。

说"我不行"是在慢性自杀。

它很疯狂。因为我并不想死。

后来,我躺在床上,我意识到我并不希望说"我可以"的一年结束。

我是一个在制品。我刚刚才弄明白该如何表现出一点点的神气活现，我不能现在就停止，我不愿意现在就停止。我必须现在就停止吗？

这一切的开始不过是感恩节早晨我姐姐在切洋葱时给我提出的一个小小挑战，此时却发展成了一场攸关生死的努力尝试。此时的我几乎有些害怕说"我不行"了，我再也不能对任何挑战说"我不行"。这三个字对我来说不再是一个选择，我知道我再也承担不起说这三个字带来的后果，毕竟代价太大了。我害怕会再度滑落到山脚，我知道到山脚简直易如反掌，我还知道山脚的生活有多舒适……这些已经足以阻止"我不行"这几个字从我嘴里说出来了。

我可以体验生活，也可以放弃生活。

如果我再度放弃，会怎么样呢？我会变成什么样的人？要过多久，我才会再次开始攀登？我还有那个精力去再度攀登吗？或者说，山脚就是我的终点？

我尚未准备好接受这个结局。我不能到终点，这也不是终点。

这里不是终点线。

我尚未完成。

不管我的愿望有多强烈，我都不能再允许自己说"我不行"。"我不行"再也不会出现在我的字典里。"我不行"属于禁词。

时间到了。

这一年结束了。

但我没有结束。

就这样，说"我可以"的一年从十二个月延长到了永远。

我能做到。

如果我愿意，我就可以改变这个挑战。

因为它是我的挑战。

再说了，反正时间也不准了。

你查过我的钟表了吗？

我现在的时间与实力女神的时间是一致的。

说"我可以"……说"我可以"是勇气。

说"我可以"是阳光。

说"我可以"就是生活。

第十一章

我可以拒绝

（我可以应对棘手的谈话）

我在十五岁时上了第一堂驾驶员培训课。

我很兴奋。我之前已经学过道路交通规则，我把听课证整整齐齐地折叠好，放在贴有杜兰杜兰乐队照片的人造革钱夹里。我一心盼着拿到驾照，那样我父亲就会让我开停在我家车道上的那辆奶油色雷诺联盟汽车去上学。驾驶意味着自由。驾驶意味着有朝一日（那一天很快就会来到了），我可以开车驶出郊区，一路前往我向往的地方，比如巴黎。

（此时千万可别插嘴说什么"你不知道你会把车开进海里吗，你这个白痴"之类的话。你会毁掉这一刻的。毕竟这是我的第一堂驾驶课，我所有的梦想就要实现了，就让我留着这个梦想吧。）

那天下午，我母亲开车把我送到培训驾驶员的公共学校。我耐心地等待教练，他一露面，我就第一次坐到了汽车方向盘后面。

太不可思议了。太不可思议了。

我的心里犹如小鹿乱撞，我看着我的教练。他很耐心，为人和蔼，微微有些秃顶，大家都说他是个好人。他对我笑笑，以示安慰。我也对他笑笑，问我该怎么做。

这是我记得的最后一件事。

事实是这样：他让我启动汽车，把车开出停车场，开到路上，开上匝道，再开上高速公路。

高速公路哇。

过了半天，当他用湿巾擦我那张布满泪痕的脸，向我解释为什么不需要把这件事告诉我母亲（我母亲会让龙女和她的龙看起来跟小熊维尼一样，还会弄掉小熊维尼的四肢），我才知道教练弄混了日程表，他错把我当成另一个比较有经验的学生了。

在我母亲来之前，我问他刚才出了什么事。

"我撞到什么了吗？"

这世上真的有"脸上顿时失去血色"这种事，我面前的教练就是这样。这是我第一次意识到我刚才已经吓呆了。

这是我第一次吓得大脑一片空白。

这是从我的大脑墙壁上消失的第一幅画。

现在回想往事，我想的是……

我为什么会让那种事情发生？

教练让我转到通往高速公路的匝道，我为什么不踩刹车，将车开进公园，看着他说三个字，来改变整件事？说了那三个字，我脑海里的画面或许就不会消失了。

三个字。

我不行。

"不"是个很有力量的字。在我看来，"不"是英语中力量最大的一个字。只要清晰坚定地说出这个字，并且说的次数够多，足够有力，它就可以改变历史。

想不想听一个例子？

罗莎·帕克斯。

咱们来一起看看罗莎·帕克斯引起的蝴蝶效应吧。

如果罗莎·帕克斯没说"不"会怎样呢？如果罗莎·帕克斯说"好吧，好吧，该死的，我把我的座位让出来，我现在就到巴士后面去"，那联合抵制蒙哥马利公车运动就失去了它的完美英雄——一个可爱、有教养的女士，她为人亲切，性格坚强，是她抓住了美国的想象力和良知，如果没有她，甚至这项运动有可能根本就不会发生。

我父亲的家族来自亚拉巴马州。我母亲的家族中有些人也来自那里。如果没有巴士抵制运动，他们的生活轨迹是不是就会随之改变？他们是不是永远都无法在芝加哥相遇？我永远也不会出生？今天也不能坐在我位于加州洛杉矶的家中，写这本书？

噢，真够自恋的。你已经看过了这么多页，我们已经很熟悉了。如果没有这本书，你肯定会非常想念我的。

是的，是的，我就是在说罗莎·帕克斯在巴士上说"不"与我有关。你觉得我不会想办法把一切夺回来？

如果我不能让一项民权运动和我自己有关，那么……做一个以自我为中心的美国人有何意义？我有没有告诉过你，你必须让罗莎·帕克斯的惊人牺牲与你有关？

不。

不，我不。

不。

这是英语中力量最大的一个字。

瞧见了吧，你是在试着让我知道，我的自我有多荒谬，而我则让你闭嘴。

我说"不"。

和我一起在巴士里左摇右晃吧，朋友们。

还想再听一个例子吗？

当我为《实习医生格蕾》做试播的时候，我们有幸和一位非常聪明的选角导演共事，她就是琳达·罗伊。顺便说一句，琳达是我最欣赏的人之一，她有一项本事，那就是知道一个演员什么时候能成为一把钥匙，可以转动我脑海中控制故事的那把锁。我的每一部电视剧里的每一个角色都是琳达和她的合作伙伴约翰挑选出来的。现在我们有了一套简略的表达方式。

我给她打电话。

"琳达，"我说，"我需要一个男人。"

琳达是个情趣高尚又优雅的女人，不会说我朋友戈登常说的那种话，"所有人都需要一个男人，而你特别需要。看看你，你的弦绷得太紧了，去给你的'客户'定个见面会吧。"

琳达会问几句，确定我要找一个什么样的男演员，然后，她会挂断电话，过了一周左右，她就会打来，告诉我她为我找到了一个男人。

那个人是杰弗里·迪恩·摩根，艾瑞克·戴恩，杰西·威廉姆斯，等等。我可以一直数下去。

认识琳达那会儿，我还是个电视剧界的新人，对选角尚不熟悉。真见鬼，那时候的我竟然在工作日穿着睡衣出门上班——在《实习医生格蕾》的试播之前，我一直是个电影编剧，在家里大门不出二门不迈。所有这一切于我而言都是新鲜的。来到光鲜亮丽的电视世界，我开心到了极点，每天都瞪大眼睛，虽然一根筋，但每天都很快活。每个人都会教我一些窍门，而我也乐得搭上顺风车。

在《实习医生格蕾》的选角过程中，有一段时间，我们还没注意到吴珊卓，而所有人都向我推荐一个他们都认为适合演克里斯蒂娜的演员。老实说，我不记得那个演员叫什么了，但我记得贝西认为她很不错，制片厂认为她很棒，所有人都觉得她很好。她的确很好，我也这么认为，但我不想用她。现在我明白了一些我在当时并不清楚的事情——在这个等级之上，每个人都是出色的演员；没有不称职的演员，只是有的演员不符合你的设想而已。而那个演员……不是那把钥匙，打不开我脑海中控制故事线索的锁。但在当时，我并不清楚那是问题所在。当时，我只是不愿意选她出演。

大家都在催促。贝西在催促，制片厂在催促。我开始不接电话，或是搪塞几句，告诉别人我需要考虑。

在最初的那段时间，我们连一个镜头都尚未拍摄，那时我很兴奋，但我生性内向，很后悔成为电视剧摄制工作的中心。每个人都不断地问我想怎么做。在最初的那段日子里，我吓得连一个主意都拿不出来，因为我很害怕与其他人有不同见解。

贝西老是盯着我，很是困惑。到底是谁把珊达变成了举止机械的怪人？她认识的写作过程中的那个珊达一向都是热情洋溢，坚持自己的见解。现在的我好像失去了光彩。我总是耷拉着脑袋，不去看别人。

一天早晨，琳达到我家来。那个时候我和她认识不过几个星期，我很肯定她觉得我是个傻瓜，不知道该怎么说话，因为我只是嘟囔着说"再来点饼干吧""我不知道"或是"我该去写作了"之类的话，然后便逃离了房间。

后来，琳达给我打电话。

"珊达，"她坚定地说，"你这是在浪费时间，浪费资源。每分每秒演员都会被其他电视剧挖走。你一直不说你的意见，搞得我们现在不得不停下。我和你都知道你不愿意选那个演员。你得把你的意见说出来，我们才能向前推进，选一个你喜欢的演员。这是你的电视剧，如果你选了一个不合心意的演员，那就不是你的电视剧了。你得对所有人说'不'。"

我也接到了别人的电话。就在每个人向我灌输他们为什么觉得那个演员最适合演克里斯蒂娜的时候，我依然能感觉到琳达在电话那头的喘息。她在等我大声说出我的意见。我很担心，如果我说"不"，他们就可以认定我压根儿就不晓得我在做什么，并且不让我参与整件事。如果我说"不"，他们就可以凭着他们的喜好去做了。

最后，我冲口而出："不"。

接着是一阵沉默。

我此前从未大声表达过自己的意见。说完后，我们一时间都不知道该说什么。

贝西试着和我讲道理。在她听来，我八成是疯了。我一向只是说话含含糊糊，顺其自然，所以从未表达心声。况且她知道我很喜欢那个演员。

"可是，珊达——"

"不不，我不想要她。我不愿意为了她写剧本。不，不，不。"

又是一阵停顿。接着我听到贝西的声音有些激动。现在我看得出来她是因为激动才会这样。对贝西而言，除了当制作人，她最喜欢的就是拥有创造性眼界，并且不惧为之奋斗。

"好吧。"她说，"那就不要她。好！"

我还感觉到她松了口气。珊达回来了。

我也松了口气。这是我第一次在工作中说"不"。这是我第一次作为一个领导者表达意见，我们都以为我是一艘小帆船的船长，这艘船名叫"珊达·莱梅斯无名试播"，结果我们却上了一艘名为《实习医生格蕾》的远洋巨轮。

这是我的第一个"不"。

而且是我最喜欢的"不"。

这个"不"带来了什么？我确定是在驾驶那艘船。我开始在这个基础上来做事。我开始将我脑海中的创意作为我们唯一的北方，我们将按照它的指引勇往直前——不论前方是什么。

那个"不"带来了什么？

吴珊卓转天来到了这里，我脑海中的锁找到了钥匙。克里斯蒂娜·杨诞生了。

❖ ❖ ❖

"不"这个字具有强大的威力。它在你的军械库中是一个重要武器，但它也是一件很难使用的武器。

所有人都知道说"不"有多难。

人们明知无权这么做，却还是请求你帮忙，而且一点也不觉得不好意思，这就是原因之一。他们知道说"不"难如登天。

"你能帮我看会儿孩子吗，就一个钟头？"

"能把你的钻石耳环借我戴戴吗？"

"能把你的车借给我吗？"

或是要你去做他们无权要求你去做的事。

"替我值个班吧。"

"借给我一百美元。"

现在，对于这一切，所有的答案都是"不"——除非来找我的人是我最亲密的朋友或是我的直系亲属。老实说，如果对方不是你最好的朋友或是家人，他们甚至都无权问出这个问题。不。不。不。

然而，"不"这个字真的很难以启齿。

就算我很擅长在工作中说"不"，要在生活中也这样做，却很难。到了个人生活中，一切都变得不一样了。在工作中，我可以用"这样对故事情节、电视剧、演职人员最好"当借口。而在工作以外，可以用"这么做对我自己最好"当借口吗？

我是谁呢？

我很擅长照顾别人。那我为什么对自己这么不关照？为什么我这么不愿意用同样的善意和体贴来对待我自己，放我自己一马，给予自己我给予别人的那种保护和关心？

后来，我的事业越发成功，这个问题没有丝毫改善。

反而却愈演愈烈。

在说"我可以"的一年里，我逐渐剥去伪装，不断地发现新鲜事物。就在迎来这个"我可以"的时候（渴望不再做受气包，答应说"不"），正好赶上电视展示活动，也就是各家电视台每年在纽约向广告商说明秋季新剧。我站在林肯中心的舞台上，维奥拉·戴维斯在我身边，这时候，美国广播公司向全世界宣布，最具价值的电视剧黄金时间将用来播出我的电视剧。周四晚间档属于珊达领地的电视剧。不是一部，而是全部。八点播放《实习医生格蕾》，九点播放《丑闻》，十点播放《逍遥法外》。

十三年前，我告诉我的代理人克里斯，我想从电影编剧转到电视编剧，当时我还用开玩笑的口吻说道："我要通过电视主宰全世界。"我开玩笑似的把这句话说过很多次，对我的朋友们说，对我的姐姐们说，对所有人说。

你的目标是什么？

我要通过电视主宰全世界。

我用开玩笑的口吻说，但我并不是在开玩笑，我从不开玩笑。

现在，我的愿望就快实现了——就在我和维奥拉·戴维斯一起站在林肯中心舞台上的时候。

我的梦想就要实现了。

你知道，当你的全部梦想都实现了，会发生什么吗？

什么都不会发生。

我意识到了一个很简单的真相：功成名就，扬名立万，实现所有梦想，并不能修补我心灵的缺失，或是让我变得更好，对个人成长而言，它们不是特效药。实现所有梦想似乎只是放大了我已经具备的品质而已。

我放不开，拒绝不了别人，遇事无力处理，这些该怎么办呢？

不会说"不"呢？

在工作方面，我依旧十分强大，代表我的电视剧和我的工作人员。在珊达领地，我真真正正就是一个角斗士。我无所畏惧，带着无穷无尽的力量去战斗。

但在办公室以外呢？代表我自己的时候呢？

不知怎的，我再次回到了食品室。

如果你需要罐头食品，就告诉我一声。

我就好像一只待宰的无助羔羊。

一只成年、制作电视剧的无助羔羊。

关于成功，最疯狂的事莫过于各种各样的人都认为你很有钱。不仅仅是有钱，他们认为你是家银行。事实上，没人真正了解你的情况，便假设你富有四海，而这不过就是个假设而已。十次倒有九次并非事实。

如果我真的非常富有，我的意思是钱多到好几辈子都花不完，那我早就去佛蒙特州了。我做果酱，写小说，而我的男朋友身强体壮，是个多面手，叫弗里茨、德里克、雅克或是波克，他砍完了柴就回去做一顿烧烤大餐。

你看到我不在佛蒙特州，对吗？你看到我没做果酱，仅有的弗里茨和德里克还是虚构的人物。

你能看到这些，是因为你了解我。可其他人……他们那卡通式的眼睛里只有卡通式的美元符号。

从我的电视剧开始播出的那一刻，七大姑八大姨便凭空冒了出来。有的我认识，有的已经很多年没有联络，有的不太熟，有的人可能认识我母亲，有的与我的工作仅有一点点关系……

帮忙找工作，帮忙找个住的地方，借钱，帮忙看剧本，帮忙在电视剧里找个角色，提供面试机会，介绍经验，能不能为某部电影投资，能不能介绍他们认识名人，给他们的公司投资，能不能见见他们朋友的孩子——总之人们会以各种名目找上门来。

一开始我简直无法相信。我真的不能相信。

我还不能说"不"。

我倒是尝试说"不"来着。跟着，我紧张兮兮地含糊说出一些借口，可是说来说去，最后总是会答应下来。

我母亲不可置信地盯着我，替我生气。

"又是谁打电话来啦，他们又有什么要求？我们认识这些人吗？把他们的电话号码给我，我来解决。"

对别人说一次"不"，我需要吃掉五块巧克力蛋糕，才能平复心情。按照别人找我帮忙的频率，很快不管我到哪里，都需要铲车接送了。不要笑。被铲车铲走可不是玩笑——那可是我的痛处。

但幸运的是，就好像那些要求突然向我涌来一样，它们开始慢慢消失了。多年以后，我才知道我姐姐桑迪已经成为个中高手，在我都不知道的时候，帮我一一挡掉疯狂的要求。

我的姐姐们真好。

戈登、左拉和斯科特都说他们也替我回绝了很多这样的请求。我的父母不胜负荷。我周围的人都是如此。他们甘心充当人肉盾牌，将古怪的人和厚颜无耻捞钱的人通通拒之门外。

但他们没有回绝那些被我当成朋友的人，我觉得我和那些人很亲近，我甚至天真到会把他们当成约会对象。他们就是鸡窝里的狐狸。

说"我可以"的一年刚刚开始时，一个我很熟悉也很喜欢的人（就管她叫……劳拉好了）找我借一大笔钱，一大笔钱。我甚至从没想过一次支出这么多钱。瞧劳拉找我借钱时那若无其事的样子，好像她只不过是要找我借五美元。

我来自美国的中西部。如果你让我去买一块昂贵的奶酪，我会坚决反对——大块奶酪又没什么害处。那便宜的厕纸用了很痒呢？不痒，你怎么知道有没有清理干净呢？

现在你明白我的观点了吧？

付出这么一大笔钱，我感觉很不好。

有一次，我、戈登、斯科特和左拉一起吃饭。

"你该开始拒绝了，对拒绝说'我可以'。"他们这么告诉我，"谁都无权找你借这么一大笔钱。钱是你的，是你辛辛苦苦赚来的，是你的工作所得。你不欠任何人，我才不管你是不是亿万富翁，你没有义务把你的钱给别人，哪怕是一分钱也不行。"

"'不'已经是完整的一句话了。"桑迪给我说教，"说'不'，然后扭头就走。你用不着解释。"

"不"是完整的一句话。

这句话我听过无数遍。

于是，我试着像说"谢谢"那样来说"不"。只说"不"，其他什么都不要说。

我想到三种明确地说"不"的办法。

第一种是："我不能这么做。"

第二种是左拉教我的："这事不适合我。"

第三种很简单："不。"

我把这几句写在一张便利贴上，并把它贴在我的电脑显示器正面，它从侧面伸出来，像是一面旗帜。我一面看着这张便利贴，一面给劳拉打电话。多年以来，我一直当劳拉是朋友。我的双手哆嗦不停，大脑一片空白。我必须盯着便利贴，才能说出我要说的话。

"关于钱的问题，"我轻声说，"我不能那么做。"

就因为我没借钱，她竟然大声责骂我，我听得目瞪口呆。我坐在那里听着，感觉如释重负。

在那一刻，我自由了。

到了现在，我一直以来如此害怕说"不"的原因已经很明白了。我担心："要是她生气了呢？如果她不愿意继续和我做朋友了呢？要是她气得大喊大叫，事情变得龌龊了呢？"

现在我的担心成真了。我现在只有一个念头："很好。现在我知道了。"可能发生的最糟糕的事情现在发生了，然后呢？局面并没有那么糟糕。相比以前对这个人不了解，知道她的真正面目之后，我反而更高兴了。说了"不"，说了我真正想说的话，让劳拉也说出了她真正想说的话，暴露了她的真实本性。她真正想说的是她在利用我，从我身上捞好处，她憎恨我，我就是她的自动提款机。

你知道我是怎么说的吗？

啊，见鬼，不。

劳拉的咒骂暂告一段落。"每每说到这里，"我心想，"像往常我会道歉，并且主动把钱借给她了。"

后来，左拉告诉我，六个月之前，我一定会道歉，并且把钱双手奉上，以免遇到任何戏剧性的场面，逃避痛苦和矛盾。左拉是在委婉地暗示我以前是个受气包。

但此时此刻，我能听到我的老朋友劳拉在电话那头气喘吁吁。我冷静地打破了沉默。

"这事不适合我。不。再见。"

别了，菲莉西亚（语出电影《星期五》，表示从此之后各不相干。——译者注）。

我挂了电话。

我在房间里跑了起来，我有时候就会这么做，我兴奋过头就会在房间里跑。《权利的游戏》演到红色婚礼的时候，我这么做了。《实习医生格蕾》的试播通过了，并且要拍成电视剧，我这么做了。我接到电话得知哈珀即将出生，我这么做了。

我感觉棒极了，一连兴奋了好几天。只要有人愿意听，我就把这个故事讲给他们听。人们见我失去了一个朋友，都安慰我。

但他们没明白重点是什么。我并没有失去朋友，我得到了第二超级力量。

我能瞎编杜撰。我能说"不"。

等等。

我能做的不仅仅是说"不"。

我什么都能说。

我能瞎编杜撰，我什么都能说。

我可以对任何人说任何话。

任何困难的对话，任何令我紧紧揪心的棘手问题，任何没有说出口的心里话，令我心里发痒的怨愤，任何不开心的事。

我能谈论这一切。

我想要谈论这一切。

因为不管与别人的对话有多难，我都知道艰难对话的另一边是平静。熟悉了解之后，才会有答案，才能揭露性格，才能达成停战协议，也才可以解开误会。

自由就在困难对话的对面。

对话越是难，获得的自由就越大。

若是有人说了什么恶毒卑劣的话，消极被动的我会一连别扭很多天，而现在，我的新反应不再是关上门，向愿意听我诉苦的人抱怨。现在？在他们说出那些话的一刻？

"你这么说是什么意思？"我冷静地说。

他们被我吓得一惊。我意识到，我们大部分人并不习惯在谈话中成为别人针对的对象。我们只是习惯谈论某个话题。我们都习惯避免冲突。当然了，在避免的过程中，我们所做的不过是创造出更多的戏剧化事件而已。

我有个好朋友是小声嘀咕的行家里手。

"对你没好处。"我给她讲完工作中的一个小麻烦，她嘟囔着说。

"你这话是什么意思？"

她抬起头。

"什么？"

"你说'对你没好处'。这话是什么意思？"

她有点发窘，她从不曾意识到别人能听见她小声嘟囔的话。她并不知道她内心充满怨恨的独白会被外界听得清清楚楚。她的道歉是发自真心的，有些事必须靠她自己才能完成。

每当出了问题，发生了冲突，或是有人生气或难以取悦，内向的我总是希望逃开，盼着整件事能结束。而全新的我则会迎难而上，问："出了什么事？"

❖ ❖ ❖

迄今为止，结果好得出人意料。愿意谈话就好像是魔咒，魔药被丢进了宇宙苍穹之中。因为就在我对挑战说"我可以"的那一刻，我便愿意进行对话，而忽然之间，在那一刻，我的生活发生了变化。

我变得越来越勇敢，我不再腼腆，不再尴尬，不再恐惧社交。每次说"我可以"，我都能结交到新朋友，收获新体验，发现自己参与了我做梦也想不到自己会干的事。

我笑得更多了，我更勇敢了，我现在是肆无忌惮。我直抒心声，大声说出心里话。虽然还是和从前一样忙，我却感觉拥有了更多的自由时间；我意识到我一直以来浪费了大量时间和精力，去抱怨和为我自己感觉遗憾，去闷闷不乐、去拐弯抹角。现在，我没兴趣做这种人了。毕竟张开嘴说话来得更容易，我为什么还要那样呢。

❖ ❖ ❖

我越来越喜欢进行棘手的对话。主要是因为当我愿意进行那样的对话，生活就会变得十分平静。还因为我不紧张，不心怀怨恨，没有感觉很受伤，这样一来，我就不用吃蛋糕来缓解情绪，因为轻松很多。

我在浴室镜子上贴了一张便利贴，上面写着："我可以说出来，也可以吃吃吃。"这听来有些老生常谈，却是事实。我真希望自己在二十五年前就学会了说"我可以"。我只顾着节食减肥，从来不说心里话，因此浪费了太多的时间。

但我正在弥补。那些"我可以"在一点点累加。神气活现，电视剧，谢谢，棘手的对话，减肥——我渐渐地像是变了一个人。

我和好朋友们每周都会聚餐，有一次，我的三个最亲密的朋友对我说了下面的话。

"你看起来很不一样了。你的一举一动都变了，感觉都不像同一个人了。"左拉告诉我。

斯科特和戈登表示同意。

"你现在走起路来昂首阔步的。"斯科特说，"整个人都在闪光。"

"你以前老是一副萎靡不振的样子。"戈登说，"沮丧消沉，像是在说'别看我别看我'。现在那个女孩不见了。"

那个女孩不见了。

❖ ❖ ❖

说出心声、迎难而上并不总能收获快乐的结局。棘手的对话有点像一场赌博，不管是什么结果，你都得甘心接受。参加了这场赌博，你就必须知道你的底线在哪里。

你必须知道在对话进行到何处时说"不"。

你必须知道该在什么时候说："这事不适合我。"

你必须知道该在什么时候说："结束了。"

你必须知道该在什么时候说："这么做不值得。"

"你不配。"

我越是袒露心声，就越是愿意进行棘手的对话，就越是愿意对自己说"我可以"，也就越不愿意让在我生活中出现的人把我搞得比认识他们之前更空虚、不快和缺乏安全感。

在说"我可以"的一年中，找我借大笔钱的那个朋友不是我远离的最后一个人。

不。不，那个朋友不是。

不。

第十二章

对人说"我可以"

克里斯一号告诉我，人权运动（美国最大的同性恋权利组织。——译者注）要颁发"盟友平等奖"给我，我立刻开始担心我该穿什么衣服，发言的问题倒被我抛到脑后了。现在我再也不会被讲话搞得坐立不安了。我自然很担心讲话，只是不再害怕。

我已经拐过了弯，来到了感觉像是说"我可以"长跑的最后冲刺。最后的冲刺开始感觉很简单。我掌握了说"我可以"的诀窍，使它们为我所用。我沾沾自喜，很是自以为是。噢，真霸气……

我有种一切尽在掌握的感觉。我就像一只冲向终点线的羚羊。

就像所有长跑一样，最后的冲刺就是一个难关。我撞上了一堵墙。事实证明开始总是很简单，最难的部分尚未到来。

我依旧在苦苦挣扎于如何表达出心中的感受，如何保护我自己，如何为了我自己斗争。这可真够讽刺。

我知道，我能得到这个奖，在很大程度上是因为，通过在电视剧中刻画同性恋、双性恋和变性者角色，我为其他人发声，支持他们，为他们而战。我却无法为我自己做这一切。

甩掉身上的肥肉是一回事。

甩掉一个人则是另外一回事了。

我刚刚离开了一个朋友。一个好朋友。

我感觉到了从未有过的孤独。

我强忍着，才没有躺在床上，一边看《神秘博士》，一边消灭掉一盒巧克力派。我很想来点小牛肉。很久以来，这还是我第一次想要麻木。

到了试穿颁奖活动的服装之际，我只是蜷缩着躺在我家的沙发上，德娜则站在我身边。

"我看我是做不到了。我病了，就快死了。"

德娜没说话，一个字都没说。她在那里站了一会儿，接着，就在我开始琢磨克里斯一号会不会主持召开"如何让珊达挪动屁股"研讨会的时候，她转过身。

她把晚礼服从包装袋里拿出来，真是美到了极点。

不需要开什么研讨会了。事实证明，那件华服就能让珊达挪动屁股。

那周晚些时候，那件衣服就挂在橱柜门上。桑迪站在我的床尾。我开始回忆小牛肉是怎样起作用的。我告诉她我不能去参加这个活动。我感觉太孤单了。她说我会去的。她告诉我她会和我一起去。然后，她让我再邀请其他人。邀请你的人。把你的人都聚起来。

"孤单。"对我的愚蠢，她嗤之以鼻，还摇摇头。仿佛孤单压根儿就不是一个选择。

到了人权运动活动举办的那天早晨，我写了发言稿。那天晚上，我站在舞台上，感觉很脆弱。我感觉自己像是从日记本上扯下了一页，并且大声读了起来。然而，这却是我真正要说的话。我要学着桑迪的样子，嗤之以鼻，摇摇头："把你的人都聚起来。"

我就是这样说的：

人权运动讲话

2015 年 3 月 14 日

加利福尼亚州洛杉矶

你并不孤单

在我还不会拼写之前，我就是一个作家了。

我过去常和我姐姐桑迪一起用录音机把我们说的故事录下来。然后我会让我母亲用打字机把录音机里的故事打出来。当时我大概三岁。后来我开始学习拼写……写作为我打开了整个世界。

其他事情均无法让我的脑海中出现那种独一无二的嗡嗡声，无法让我踏上特别的想象力之旅。写作……于我而言，就好像头一次坐在钢琴边，并且意识到我早就会弹钢琴了。写作就是我的旋律。写作就是我。

上学的时候，我写日记。我现在还保存着那些日记本。本子不大，布面，都磨损和褪色了。我把它们装在盒子里放在阁楼中，我估摸大概有二十个那样的本子吧。

小本子里写满了憧憬、梦想、故事和痛苦。

现在我来说说小时候的我是什么样子吧：聪明绝顶，是个小胖墩，异常敏感，书呆子，还很腼腆，戴着跟可乐瓶底一样厚的眼镜。两条大麻花辫垂在脑袋两侧，一点也不可爱。还有一点很意外：我通常都是班上唯一的黑人女孩子。

我没有朋友。

这天下最卑劣的事，莫过于当一群人面对一个与他们不同的人。

我很孤独。

所以……

我就靠写作排遣寂寞。

我创造朋友。我给他们起名字，写出他们的每一个细节。我给他们创造出背景、家庭和家人。在我的笔下，他们参加派对、约会、交朋友、过着他们自己的生活，对我而言，他们是那么真实——

你们瞧，珊达领地，也就是珊达想象出来的地方，从我十一岁开始就存在了。

我在我的脑海里创建了珊达领地，用来盛放我的故事。那里是个安全的港湾，让我的角色得以存在，让我得以存在，直到我不再是十几岁的少女，直到我可以进入世界，做我自己。

届时我将不再那么孤立，不再遭到排挤，我的同辈人也会更看重我。

到时候，我会在真实的世界里找到我自己的人。

不知道是否有人注意到了，但我其实只写了一个主题：孤独。害怕孤独，渴望不再孤独，尝试去寻找情投意合的人，留住他们，让我们的人不要离开我们，与我们的人在一起是多快乐，因此不再孤独，不必再忍受孤独的凄凉。

我们需要听到一句话：你并不孤独。

"你并不孤独。我心里有你。我和你在一起。你并不孤独。"一个人听到另一个人说这句话，是人类的根本需要。

很多记者和推特博主问我，为什么我的角色会如此多样化。"电视剧角色多样化为什么如此重要？"他们说，"多样化为什么如此富于挑战性？""为什么要把塞勒斯设定成同性恋？"

我真的很讨厌"多样化"这个词。它暗示一个东西……不同于其他。仿佛那个东西很……特别，很稀少。

多样化！

好像电视剧里的故事有女人、有色人种和同性恋、双性恋和变性者角色，是什么不同寻常的事。

我说的词则有些不同：正常化。

我要让电视剧正常化。

我要让电视剧中的世界和真实的世界一模一样。女性，有色人种，同性恋、双性恋和变性者要超过人口比例的50%。这就表示这样的人并没有不同寻常。我只是要让电视剧里的世界看起来很正常。

我要让电视剧正常化。

你应该打开电视，去看看和你相似的那一类人。那类人可以是任何种类的人，你能与之产生共鸣，感觉和你很像，让你相处起来轻松惬意，让你感觉很真实。你应该打开电视，看看你属于的那一类人，看看与你志趣相投的人，有些和你很像的人确实存在。这样你就知道，在最绝望之际，当你逃跑（可以是真的跑，也可以是比喻上的跑）的时候，你可以跑向某个地方的某个人。与你同类的人在等着你。

你并不孤独。

我的目标是，每个人打开电视，都能看到有人和他们很相像，和他们一样去爱。而且，同样重要的是，每个人打开电视，都能看到一些人和他们并不相像，用不同的方式去爱。因为，这样一来，他们就能从那些人身上学到东西。

或许如此，他们就不会孤立那些人了。

不会排斥那些人。

不会抹杀那些人。

或许他们还能从那些人身上找到和自己相同的地方。

或许他们还能学会爱那些人。

我觉得，当你打开电视，看到任何人都可以爱，都能被爱——真正的爱——那便是对你大有好处的事。你的心胸得到了扩展，你的心智得到了发展。你的灵魂更开放了。你得到了经历。

爱真实存在，爱是有可能发生的，一个人可以有一个情投意合的"人"……

你并不孤独。

憎恨消失了，爱扩大了。

在我的编剧室里，我经常谈到画面有多重要。你在电视上看到的画面有多重要。它们向你展示了这个世界。它们让你明白你是谁，这个世界是什么样子，它们塑造你。我们都知道这一点。对此已经有很多研究了。

你从没在电视上看到塞勒斯·比尼这样的人？这个人年纪大，是个坏蛋，做事不择手段，共和党，保守派，拉姆斯菲尔德式的人物，很爱他的丈夫詹姆斯，还尽全力不杀了他……

如果你从未看过詹姆斯硬拖着塞勒斯进入 21 世纪……

如果你从未看过年轻的康诺·瓦尔斯在《逍遥法外》中，过着与异性恋相同的风流淫逸的生活……

如果你从未看过埃丽卡·哈恩兴高采烈地发表被称为"树上树叶"的独白，告诉凯莉，她发现自己是个女同……

如果你从未看到出柜的双性恋凯莉·托瑞斯盯着她父亲，弄得他不敢与她对视，还大声说（这是我最喜欢的台词）："反正你又不能祈祷让同性恋消失！"……

如果你从未在电视上看到一个变性人角色有家人，得到别人的理解，还有贝利医生爱她，支持她……

如果你从未在电视上看到以上这些人……

关于你在社会结构中的重要性，你了解到了多少？异性恋的人了解了多少？这告诉年轻人什么？将他们带到了何种境地？将我们所有人带到了何种境地？

我收到了很多封信和推特信息，人们在街上会特意向我走过来。他们给我讲了很多不可思议的故事。有个父亲说，他看了我的电视剧，后来他的儿子宣布出柜，他也能很好地了解他的儿子。少男少女则告诉我，他们学会了用怎样的话来向父母宣布出柜。因为凯莉和艾利桑娜的关系，少女们在网上建立了一个同性恋支持社区。

我收获了一个又一个故事。

在我小时候，有一段时间，在珊达领地写故事真的救了我的命。现在有些孩子告诉我，我的故事真的救了他们的命。听完后，我深觉震撼。

每一次，都可以归结为一点。

你并不孤独。

没有人应该孤独。

于是，我便写写写。

我们仅仅是站在改变的边缘。要做的工作还有很多。我接受这个奖，将之视为一个鼓励，而不是一项成就。我认为工作远远还没有完成。我有很多同性恋朋友，我盼望看到他们的婚姻在这个国家的每个州都得到认可。*

还有很多人的思想和很多法律需要改变。我在这里要赞扬人权运动，他们如此努力地为了同性恋、双性恋和变性人群体争取平等，摆脱各种歧视。你们在做一项浩大的工作。

于我而言，现在写作与我小时候和我姐姐桑迪一起用录音机录故事并无区别。

是呀，我现在的写作基于更广阔的背景。

是呀，我写的故事在周日晚间档播出。

是呀，我不再害羞，不再书呆子气，显然也更时尚了。

厚眼镜不见了，取而代之的是隐形眼镜。

我依旧时常是班上唯一的黑人女孩。（看看你周围。）

但要注意一点：我不再孤单。

我脑海中的那些角色出现了电视屏幕上。现在，他们不仅仅是我的朋友——还是其他人的朋友。珊达领地是一个开放的地方，如果我的工作做得对，这里将会有一个能让所有人接受的人。

对于我得到的支持和喜爱，我真的非常感激。很多人都奋起保护我，他们干得十分漂亮。特别是在我怒气冲冲地发了推特信息之后。有人给我发推特信息，恶毒地评论了"同性恋场景"，我很骄傲自己对这种人反唇相讥。我本可以一次次地说"别了，菲莉西亚"。但有时候我希望我能考虑清楚再发推特信息，那样我说的话会更加有力。

但我感激不尽。

最后，我要说：

如果你是个孩子，长得圆圆胖胖，不太可爱，是个书呆子，很害羞，丝毫不起眼，内心痛苦，不管你是什么种族、性别和性向，我都要站在这里告诉你：你并不孤单。

和你志同道合之人就在这个世界上等着你。

我怎么能这么肯定？

因为我的志同道合之人——

就坐在那里的那张桌边。

谢谢。

*2015年6月26日，美国最高法院宣布，同性婚姻在全部五十个州均为合法（举手击掌吧，美国！），谢天谢地，我的这部分讲话过时了。

| 第十三章 |

我可以跳舞
（只和对的人跳）

我和我的剪辑师乔伊 · 米塔切克坐在前景影视制作公司的剪辑室里，正在争论该用哪首歌。我们争了好几个星期都没争出个所以然来。那首歌要用在《实习医生格蕾》第十季最后一集的一个场景。那场戏颇具标志性：梅雷迪斯和克里斯蒂娜最后一次在值班室里跳舞。她们跳舞时播放的这首歌，对于我，对于影迷，都有着史诗般的意义，因为我们是看着这些角色从实习医生一步步成为主治医生，从小心谨慎的年轻女性成为权威人士的。截止到此时，我们和她们相处了两百多集。不管是我们，还是她们，这都是十多年的光阴。这是人们最后一次在屏幕上看到克里斯蒂娜。这场戏，这首歌，这次剪辑——都必须适当无误。

在最初拍摄那幕场景的时候，播放的是一首节奏明快、很棒的嘻哈舞曲，好让演员们打起精神，充满活力。此时，在剪辑室里，不同的人有不同的意见。看过拍摄的人都认为，在快节奏舞曲的衬托下，吴珊卓和艾伦看起来跳得糟透了。

我觉得这么说实在是荒谬。

我才不信吴珊卓或艾伦这辈子有跳舞跳得很难看的时候。那根本是不可能的事。吴珊卓拥有摇滚明星一样酷毙了的节奏感，艾伦的弹跳力超棒，跳起舞来光彩熠熠，一切都随着她跃动。她们两个左摇右摆，舞姿个性鲜明，却有着异曲同工之妙，显得异常和谐，正因如此，一开始我们才会想出跳舞这个概念。

她们已经跳了十季。

老兄，这可不是剪辑制造出来的效果。

这两个女人是舞林高手。

拍摄时我并不在现场——我永远（好吧，是绝大多数时候不在）不在拍摄现场，毕竟我不可能同时出现在五个地方。这次我不在，是因为我去了我女儿的学校。我错过了现场表演。所以我并没有提前受到影响。

不过我不在乎。

我不想要一首快歌。

快歌感觉不对劲。

快歌让我很恼火。

快歌……

乔伊想知道我为什么不喜欢。

这么问倒也合情合理。

只是我回答不出来。

我想不出该怎么解释我为什么不喜欢。

连我自己都不知道为什么。

我就是不喜欢。

听快歌，让我从骨子里有种针刺般的感觉。

我们争了一遍又一遍，吵起来没完没了。

这不是毫无用处的行为。我希望我的剪辑师能和我争论，我喜欢接受挑战，我喜欢让事实证明我是错的。

我对立即的妥协怀有很深的疑虑。

立即的妥协让我很害怕。

几乎是从这部电视剧开播开始，乔伊就一直担任后期制作工作。在此期间，他从助理剪辑一直做到了总剪辑师。他经验丰富，很清楚关于剪辑的争论是什么样的。他知道，只要他能让我从另一个角度、用另一种观点来看待故事，他就能获胜。只要他能稍稍将画面倾斜……

所以，我们一定会争论到底。

❖ ❖ ❖

自从我对棘手的对话说"我可以"，自从我开始说"不"，我便有了一个有趣的发现：快乐完整的人会受到快乐完整的人的吸引，但没什么能比快乐完整的人更令一个恶毒的人感觉悲惨和消极的了。不幸的人不喜欢看到其他不快乐的人变得快乐。

我百分百肯定这是事实。

因为我曾经就是个不快乐的人。

看到一个同样愤世嫉俗、筋疲力尽、恶毒、阴郁和扭曲的朋友竟然来到了阳光下，可以说是这世上最让人泄气的事了。就像一个吸血鬼想要自救，你却想要将他拉回到黑暗当中。而且你还以为你做得很对。我死死抓着沉郁曲折的痛苦，我知道的只有这些。我需要的也只有这些，我需要这些痛苦，就像我需要肥胖一样，这样比努力要容易得多。做一个阴暗扭曲的人，使得我安于现在的悲惨境况，让我从不心怀希望，从来不乐观。阴暗扭曲耗光了我的所有时间，并且占去了我脑海里的空间。它是一张通行证：如果我只顾着抱怨，只顾着为自己感到遗憾，那我就不用去处理我的问题了。

此时此刻，我站在山之巅，头顶阳光灿烂，眼前一片开阔。我能看得出，这里没有任何扭曲阴暗。

❖ ❖ ❖

在说"我可以"的一年前，如果你问我谁是我最亲密的朋友，我一定会自信满满地列出一串人，我很喜欢这些人，与他们相识了很多年，为了他们，我什么都愿意做。

他们是与我志趣相投的人。我的死党。我的哥们儿。

他们是我的邦妮和克莱德（美国电影中的雌雄大盗。——译者注）。

他们是我的"生死之交"。

说他们与我有生死之交，可不是开玩笑的。

我是说，我从没干过生呀死呀这些危险的事，我只是一个来自中产阶级家庭的女孩，常常待在郊区家中的食品室里，唯一听说过的邦妮便是邦妮·贝尔牌润唇膏，但是，你知道的……

在说"我可以"的一年之前，我的生死之交名单很具体，很明确，就算是在睡梦中，我也能说出他们的名字。

那在我写这本书的时候呢？

那份生死之交的名单成了什么样子？

名单还是那份名单。名字还是那些名字。没有缩水。只是并非名单上的每个人……

都还在。

噢，大家都还活着。

只是并不是所有人都是真实存在的。

在过去的十一年里，我的一个生死之交只存在于西雅图圣西典医院和格蕾－斯隆纪念医院的墙壁里。我没疯。我知道她不是真实的人。

我才不在乎。

克里斯蒂娜永远都是我的生死之交。

❖ ❖ ❖

人们都以为电视剧的核心在于我写在纸上的字，其实并非如此，一部戏的灵魂在于角色。而且，在我看来，角色或许源于我写在纸上的文字，但并不是平面的。就好像你从袋子里拿出来的空气球。演员向文字做成的气球里吹气，忽然之间，原本扁扁平平的角色变成了立体的，有了生命。更为细致入微，更为有趣、悲伤，也更残酷或更脆弱。我写呀写呀，然后吴珊卓吹气，克里斯蒂娜就这样活了。我们的克里斯蒂娜，我和吴珊卓一起创造了她。

这就是克里斯蒂娜。一部分我的灵魂和一部分吴珊卓的灵魂缠绕在一起，在电视上呈现出来。两个真实的人合作打造出了一个想象出来的人。

我们创造的这个克里斯蒂娜是一个启示。她从不会被压制得哑口无言，从来不渺小。从来不会因为缺乏安全感而忽略她的天赋。克里斯蒂娜代表着我们共同的梦想，她与众不同，对自己的才能很有信心。而且，正如我们所描写的那样，尽管常常很害怕，我们的克里斯蒂娜依然能够凭借纯粹的意志力来克服恐惧。她做出了很多勇敢的选择。即便她很害怕，也会无所畏惧。

难怪我会这么喜欢克里斯蒂娜，将她写得更生动，让她散发出更明亮的光芒，将她刻画得栩栩如生。让她去做事，去思考，去生活，她的一切都表达出了我的梦想。她不想结婚，她拥有让她追逐的天赋，她热爱她的工作。我安排她拥有一个坚定的信念，那就是不要孩子，因为我虽然很喜欢孩子，却希望看到她打一场女权主义的战斗，并最终取得胜利。我希望我们能看着和欣赏这个女人不按照别人的意志去做事。我希望我们和这个女人成为朋友，她不要童话，只想书写她自己的历史。我每次给她画完一幅肖像画，便允许我自己少关注一点我自己那正在逐渐消失的画廊。

我退到背景之中，在那里，我可以平平安安地站在克里斯蒂娜的阴影里，可以踮起脚尖沿着克里斯蒂娜与梅雷迪斯肩并肩信心满满地向前闯荡之际留下的脚印前行。

克里斯蒂娜经历了一些大部分角色均无法承受的事情。比如她在被人用枪顶着头的情况下做了手术。她抓了一条大鱼，将它抱在怀中，用这样的办法治好了病人。在我最阴郁的日子里,在我最安静最悲伤的时刻,在我最孤单的时刻,写克里斯蒂娜的故事让我得以振作。

那支顶在她脑袋上的枪,还有她怀里那条鱼?我写这些情节是有理由的。这些故事让我相信一切皆有可能,这些故事证明我能渡过任何难关,吴珊卓将这些时刻演了出来,她赋予了文字灵魂,塑造了一个活灵活现的克里斯蒂娜……吴珊卓将我写出的文字表现出来,让我感觉自己可以坚持到底,可以恢复活力。克里斯蒂娜真实验证了我的梦想。

我?这个作家是个书呆子,性格内向,一只眼睛老是抽搐,几乎无法表露自己的心声,克里斯蒂娜真实验证了这样一个我的梦想?我来告诉你吧,亲爱的朋友,那就是魔法。是那种疯狂又特别的魔法。

我和克里斯蒂娜相处的时光在我看来异常真实,这么说有点傻,但我说的是实话。

相比真实世界里的许多朋友,我与梅雷迪斯、克里斯蒂娜在一起的时间要长得多。我在剪辑室里待了无数小时,在编剧室里待了无数小时,花了无数小时独自写剧本。当你看电视,即便一个礼拜只和克里斯蒂娜相处一小时,那你和她在一起的时间都可能比你和生活中大多数人相处的时间要多。

这种关系是真实的。

我铺设的铁轨,还有那趟列车呢?

都是真实的。

火车沿着铁轨疾驰而来,永远都很准时,一路上风景无限秀美。

但现在这辆火车正开往终点站。

我们就快到达"克里斯蒂娜号"列车的终点了。

吴珊卓就要离开这部电视剧。很快,她就会离去,而且会带走克里斯蒂娜。

我会想念克里斯蒂娜。

我说的不是吴珊卓。我当然会想念吴珊卓，但我能见到她，和她聊天，我知道吴珊卓在什么地方。

不。

我是说我非常想念克里斯蒂娜，一想到她连心都疼了。

在说"我可以"的一年里，这是最让我担心的事情之一。我不知道自己该如何应付。

❖ ❖ ❖

然后，我和我的一个生死之交之间发生了一件事（我们管她叫……帕姆吧）。在我看来，帕姆是一个出色至极的人。坚强，风趣，诙谐，机智，友善，性格从容，忠诚，喜欢冒险。然而，当我开始迎接挑战，说"我可以"，充满试探性地迈步向幸福走去，帕姆却变成了一堵冰墙。我发现自己越来越多地面对着帕姆的怒气，而且，她的怒火越烧越旺，整个人变得越来越险恶。在说"我可以"的一年刚开始的时候，发生了一件特别龌龊的事。几个月后，我和她又吵了个天翻地覆。我花了很长时间来琢磨我是不是变得特别敏感了，或是我不知做了什么，才惹得她做出了这样的行为。我尝试问她为什么要说那些让我感觉她很卑鄙的话，为什么要做那些事。她逃避所有正面冲突。我则只能一个人困惑，不晓得我那个友善自信的朋友为什么突然变成了这样。我很担心。后来，这种事情再次发生，不仅充满戏剧性，还充满了消极的侵略性，但此时的我已经经历了说"我可以"的摔打，知道如何应对这样的局面。我答应要对棘手的对话说"我可以"，于是我直接质问她到底是怎么了，只可惜没有取得任何效果。

我做了一件事。每当我想要说出自己的感受，想要了解不加修饰的真相，我就会这么做。我去找了我的死党——左拉，戈登和斯科特。我知道，要是我有问题，他们会指出来，如果我做了什么被我忽略的错事，他们一定会告诉我。我们一起吃饭。我把事情的经过原原本本地告诉了他们，他们一言不发地听着。

我一直在等他们中的一个突然插话，讲出真相，并且道出他们的想法。

但我什么都没等到。他们面面相觑，他们用眉毛进行了一场无声的争论，但将我排除在外。

"什么？！"我要崩溃了。我的死党从来不会畏缩不前。"说点什么吧。"

终于，他们当中的一个射出决定性的一箭。"我们一直想知道这样的事什么时候发生，而且，我们都好奇你什么时候能注意到帕姆是怎么对你的。"

他们在说什么？

他们说他们一直都对帕姆心存疑虑。在他们眼里，帕姆并不乐于见到我开心。他们注意到，就因为我变了，所以她十分痛苦。我不愿意继续当受气包，于是帕姆就没有了任何作用。他们温柔地告诉我，帕姆从来都不是我以为的那种人。

我竟一时语塞。

"你们说的是帕姆？帕姆？"我目瞪口呆。我愣住了。我……

我呆呆地坐了一会儿。我闭上眼睛，把我真正了解的帕姆想了一遍。把在我认识她的这些年里，我真正见到或听说帕姆做过的事，都想了一遍。我想不出任何能表示她是个"坚强"和"风趣"之人的事例。她永远都是紧张不安的，从没有过从容不迫。我见过她小气、恶毒，爱说长道短，所以"忠实"这个词用在她身上实在不合适。但是……她从来不是那样的吧？是吧？是不是？

我开始喘粗气。

因为这是我第一次开始了解一些事情。

那些我十一岁时在日记本里创造出来的朋友？还有我给予他们的性

格、背景故事和品质？我编造了故事，让我创造出来的人住在我创造出的世界里，那些人欢迎一个外来人，这个人胖胖的，戴着跟可乐瓶底一样厚的眼镜，编着丑了吧唧的麻花辫。我创造出了角色，这样我就有了和我志同道合的人。

我依旧在这么做。

现在也是如此。

我根本不清楚真实的帕姆是什么样的人。因为过去我用来形容她的每一种品质只是我……铺设的铁轨，是篝火边编出来的故事。

我编造出了一个活人的品质。

我编造出了帕姆的性格。

帕姆这个角色由一个叫帕姆的人来扮演。

我花了很多年，和一个只是我想象中人物的替身，发展了一段完满且愉快的友谊。

我呆坐着不动。我意识到，现实中的这段友谊无关紧要，因为我在想象中创造出的这段友谊对我而言是那么重要。我甚至认为我并不喜欢真实的帕姆。

我甚至都不觉得我了解帕姆。她只是一个……

"化身。"斯科特替我说完，"她就是一个化身。"

一点也没错。

我很不安。后来，我的另一个生死之交也是如此，我就更加不安了。我们叫他肯好了。我可以详细描述我和肯之间都发生了什么，只是，有必要把上面的内容重复一遍吗？肯的情况和帕姆的一模一样。这就是关键：无须详细讲述我和肯之间发生的事，因为两次的事情别无二致。

我的死党们觉得这个话题很有意思，所以谈论起来没完没了。

"我是不是把故事里的人物的个性写得比真实的人要好？我创造了他们，让他们来满足我的需要。"我倒抽一口气，"老天，我是不是用我创造的人物来压制坏情绪，就跟食物的作用一样？"

那天晚上，我辗转难眠。

我一直看到的都是我想看到的。现在，就跟当初对待食物的态度一样，我意识到我无法继续坦然将我的故事情节安插在我生活中真正的人身上。

这并不是说我不能坦然。

就算我能坦然做到，我也不能这么做。

现在我发现了这个问题，便不能装作没看见。一切都是那么明明白白。我又一次尝到了得知圣诞老人真相后的痛苦。我不喜欢不合时宜，我不喜欢心烦意乱。我不希望在自己的家中有这样的感觉。

我很难过，心很疼。我意识到我不仅仅失去了克里斯蒂娜。我马上就要失去帕姆和肯了。三个虚构出来的好朋友都将离我而去。现在我能看到珊达站在幕后，我能看到铺设好的铁轨，我再也看不到我的帕姆和肯。我只是看到了和他们很像的人存在于这个世界上。我的帕姆和肯都死了。真的死了。我无法把他们找回来。失去他们，我痛不欲生。

至少我能多抽出一点时间和克里斯蒂娜待在一起了。

❖ ❖ ❖

我和吴珊卓的友谊是极其私人的，却又异常错综复杂，我们亲密又冷淡，亲近又疏离，我们的友谊充满了生气。对于两个像我们这样感情用事、有强烈好奇心、极富创造性的人，只可能有这样的友谊。十多年来，我们一直是一个人的两面。我们就像家人。我看到她，像是那些年的光阴并不存在。我们一起哭，一起笑，把自己的秘密告诉对方。我们坐在餐馆里，小声聊着，说的话只有我们两个人能懂，因为我们有共同经历。这一切都很深刻。

我和吴珊卓创造出的那个虚构人物美丽又令人生畏。将克里斯蒂娜和任何真实的人对比，胜负都是毫无悬念的。其他人都没有机会。

这既不公平，也很讨厌。而且，根本不能用这样的办法来评判一个真实的人。

然而，谁在乎呢？

她就是目标，就是自由。

当然了，就是因为这个，我才创造了她。我想这也是吴珊卓创造她的原因。对我而言，她不仅仅是我想象出来的，她还是我需要的人。

听到很多女人告诉我，克里斯蒂娜也是她们需要的人，我不由得心存感激。原来我并不是一个人。

我曾经告诉一个人，克里斯蒂娜是我最好的朋友之一，结果弄得那个人很不高兴。

"克里斯蒂娜是美国人最好的朋友。"她教训我，"瞧你那口气，好像你有特权似的。"

我耐心地点点头。

"是，我知道她是美国人最好的朋友。但我们这个最好的朋友说的话都是我写出来的，也是我决定她做什么，到哪里去。"

等等，我是不是仍在食品室里？我想是的。

我把编出来的故事套在活人身上。是的。

但事实上我编造故事是为了生存。

为了活着。为了坚持下去。

我和克里斯蒂娜相处的时光使我得到了救赎。

克里斯蒂娜举起剑，砍掉了挡在她路上所有魔鬼的脑袋。这让我很有安全感，她保护了我。她为我测试了该如何结果掉每一个怪物。她率先踏上每次征程，率先测试每种武器，率先尝试每一种技巧。

她是第一、唯一和不同。

我紧紧跟在她后面奔跑。

她为我做尽了一切。

我现在知道，魔鬼正是我的心魔。我意识到，追着我自己跑的只有

我一个人，要超过我自己，试图将我自己的脑袋砍掉。现在是时候和我
自己建立更深的友谊了。

我并不担心如何对付那些魔鬼。克里斯蒂娜下了车，但她把宝剑留
给了我。我现在要亲自把魔鬼的脑袋砍下来。

我不害怕。

克里斯蒂娜让我变得勇敢无畏。

生或死。

我热爱着一个虚构的人物，我不在乎有谁能明白。

她不仅仅是梅雷迪斯的至交，也是我的伙伴。

我铺设了这个铁轨。

我编造故事是为了生存。

列车来了。

我们来跳舞吧。但首先，我们要找一首合适的歌……

❖ ❖ ❖

我现在终于可以说一说为什么其他音乐感觉不对劲了。

"我想要一种飞翔的感觉。"我对乔伊说，"我希望观众看她们跳舞，
感觉却好像她们在飞。我希望她们能在这段舞中也体会到在手术中产生
的美妙和喜悦感觉。我希望这支舞能表现出她们十年的不凡友谊和对彼
此真正的关心，能体现出她们是勇士，是生死之交。我希望这首歌能表
达出克里斯蒂娜的不凡成就，以及她对她自己的意义，她对梅雷迪斯的
意义，对我们所有人的意义。我要在一首歌、一支舞、一场戏中，表现
出这一切。"

乔伊一声不吭地坐了很久，跟着他说：

"一首歌。一支舞。一场戏。"

我点点头。乔伊也点点头。

我们安静地坐了很久。

然后，我们几乎是同时开口。

"第一季。"

音乐之争就此画上句点。没有人获胜，却是所有人都赢了。我们必须从《第一季》中找出一首歌，这首歌必须传递出两个实习医生刚刚接触手术、刚刚互相认识后的喜悦和新鲜感。

这个结果很完美。

姐妹花乐队泰根与莎拉有一首摇滚风的颂歌《善在何处》。这首歌在第一季播放过，当时，我们都以为这部剧顶多会播出几集，大家一起收获乐趣后便分道扬镳。现在，我们的命运却交缠在一起。我抱过乔伊的孩子，我的女儿哈珀是在剪辑室的走廊里学会了走路。这首歌同时激起了憧憬、怀旧、快乐和爱，它不慢也不快。它让你感觉在飞翔。

我和乔伊在一些适当的部分将她们的舞蹈动作放慢。我们想要跳出真实的时间，跟着，我们随着泰根与莎拉的声音，从头到脚地摇摆。我们摸索着，但做不到完全正确，也并不完美，然而，这就是天衣无缝。这就是我们想要的效果。

我们无法让这一刻太快过去，我们还想与这些朋友多待一会儿，于是我和乔伊做了一件我们很少会在剪辑室里做的事：

我们将屏幕打开整整一分钟，看克里斯蒂娜和梅雷迪斯这两个聪明的女人用最好的方式来表达她们的感情，而且手里没有手术刀——我们看着她们尽情舞动。

第一次看她们跳舞的时候，我便潸然泪下。这两个阴郁扭曲的姐妹和我一样都走出了很远。她们不再阴郁扭曲。

她们的舞洋溢着快乐，象征着胜利。

她们的舞是在庆祝她们取得了的成就。

这就是我要的效果。

她们在飞翔。

❖ ❖ ❖

对于帕姆和肯，我感觉很温暖。不过我指的是虚构的帕姆和肯。我并不怨恨他们，倒是对他们心有感激。在我需要他们的时候，他们是最好的朋友。不论我与他们的友谊是不是真实的，对我而言都是真的。就好像克里斯蒂娜对我而言是真实的一样，就好像我上中学时在笔记本里写的故事对我而言是真实的，就好像食品室对我而言是真实的。这些都出现在必要的时候。他们的友谊和忠诚让我变得坚强。一想到我有这么多出色的朋友，他们与我志同道合，是站在背后支持我的勇士，我立马就会勇敢起来。他们是我的生死之交，就跟克里斯蒂娜一样，他们让我更勇敢、更忠实、更坚强。

我编造故事是为了生存。

在一段时间里，只有有了帕姆和肯，我才能活下去。克里斯蒂娜也是如此，但我不再需要他们了。

把一些人从我的生活中剔除，好处在于我的焦点变得非常清晰。我的视觉变得异常犀利。我现在努力地识人，不是我书写的他们，而是他们书写的他们自己。我看到的就是真实的他们。我看到的是和他们在一起的我自己。因为这不仅仅是关于我要和对我很好的人在一起。我还要和自我尊重的人在一起，他们的自尊和价值观会激励我健康向上。那些人要求我真诚善良，不行疯狂之举。不管发生什么事，都不要以暴饮暴食来缓解。不隐藏自己，不说"我不行"，我需要能让我变得更好的生死之交。

我再也不需要创造出他们。因为，他们就在我身边。

我的朋友们都是真实的。

我的生死之交都是有血有肉鲜活的人，他们一直和我在一起，他们都是真实的。经过了筛选，我的世界里剩下的人都是最好的。有我的姐姐们，我的斯科特，我的戈登，我的左拉，我的克里斯托弗，还有其他几个。他们为我打气，握着我的手，他们在我想要躲起来的时候推着我前行。他们督促我一直说"我可以"。

他们并没有让我变得更勇敢、更忠实、更坚强。他们告诉我，我已经很勇敢、很忠实、很坚强了。他们没有为我去追怪物，砍掉它们的脑袋。他们只是说我有能力解决掉我自己的魔鬼。他们没有为我而战，他们说我可以为我自己而战。

他们是实力女神团队。

我每天要做的事情就是相信他们。

并且准时为我自己鼓掌。

这强过无数克里斯蒂娜那样想象出来的人物对我的支持。

对真实的人说"我可以"。对真正的朋友说"我可以"。拒绝每一次都铺设铁轨。

生或死。

每一次。

生或死。

❖ ❖ ❖

终于，那段舞结束了。克里斯蒂娜和梅雷迪斯对着彼此微笑。克里斯蒂娜转身离开，她在走到门边时转过身来。她说了最后一段话，是她给美国女人的最后一个建议。

"不要围着他团团转，让你自己低到尘埃里。他是很优秀。"她说，

"但他不是太阳。你才是。"

我现在意识到,她最后的建议不仅仅是给美国女性的,也是给我的。

第十四章

我可以做真正的我

话说在 20 世纪 70 年代末，我只有六岁左右，抓着我大姐的裙摆，走过过道。那天是多萝西结婚。天气风和日丽，婚礼在花园里举行。走过过道的时候，在婚礼进行曲的乐声中，我能听到我大姐一直低声说："我不行。我不行。"

她的脚下是草地，鞋跟深深陷进土里，裙子比我还要重，而且，她很紧张。让她走到过道尽头成了一项无比困难的任务。

"我不行。我不行。"

我的父亲走在她身边，拉着她的手，声音冷静，脚步沉稳，帮助她向前跨出每一步。"先迈一只脚，再迈另一只脚。"他说。

她每说一句"我不行"，他就小声安抚一句"先迈一只脚，再迈另一只脚。"

"我不行。"

"先迈一只脚，再迈另一只脚。"

"我不行。"

"先迈一只脚，再迈另一只脚。"

大约三十五年前，我拉着姐姐裙摆的时候还只是个小孩子。在那之前，也就是我四岁的时候，我在阿姨卡洛琳的婚礼上当花童。我当过两次伴娘，一次"伴郎"。在《实习医生格蕾》和《私人诊所》的许多播出季中，我和我的制作团队一共策划了超过十四场婚礼，而且这个数字还在增长中。我依旧会亲自挑选每一件礼服，选择每一枚订婚戒指，谈论每一次的婚宴主题。

2009 年，贝西·比尔斯在意大利威尼斯举行婚礼，婚礼现场可以俯瞰到大运河，我没有任何指定的任务。但是，我选择强拉硬拽地把她拖到一个摆满结婚礼服的化妆间，以免她按照她自己的计划，"随便穿一件蓝色的礼服"，所以我觉得这是最重要的任务。贝西有着时装模特般玲珑有致的身材，有王薇薇牌的婚纱作为见证，我一定要让她好好利用这副身材，再没有比这更难的工作了。作为唯一有幸在佩姬·古根汉博物馆举行婚礼的女人，她身边就是她最喜欢的画，放眼望去是威尼斯大运河的日落，要么是她穿着高级定制去结婚，要么就是我至死方休。不客气，意大利。

我逼贝西试了一件又一件咪咪·梅尔加德用时髦的眼光亲自挑出来的礼服，她则目不转睛地打量着我，对我脸上那梦幻般的快乐既好奇又害怕。

我和贝西共事大概有十五年了。我们都觉得，我们能在一起工作这么久，却没搞出任何乱子，秘诀在于我们是完全不同的两个人。她又高又瘦又白，是盎格鲁-撒克逊裔白人。我又矮又胖又黑，是个天主教徒。我越是愤怒，就会变得越冷静。她越是愤怒，声音就会越大。电视剧、电影、文学、流行文化、音乐，她在这些方面记忆力超群，跟百科全书似的。我常常不记得我的手表在哪里，还要别人指出来手表就在我的手腕上。我们完全不同。然而，她似乎很不明白我为什么会对白色蓬裙那么着迷，她认为白色婚纱很讨厌，我竟然这么喜欢白色蓬裙，我对婚礼的感觉竟然与她大相径庭，她是百思不得其解。

在我兴奋到不能自已的时候，她再也受不了了。

"你吃错药啦，不然怎么这么兴奋？"她问，还扯掉了一件带有褶边的礼服，不管什么人穿这件衣服，都会显得可笑、滑稽。

"因为我喜欢婚礼！"我惊声尖叫道。每每靠近这些结婚礼服，我就莫名其妙地兴奋。每次我在玩填字游戏过程中要征服对手时就有这种感觉。打羽毛球或编织时也会这么兴奋。

我是说,我喜欢婚礼。

我爱婚礼。

我当然喜欢婚礼,有婚礼就有派对,我喜欢派对。

我真的很喜欢婚礼。

我爱婚礼,爱到迷恋。

鲜花,蜡烛,誓言,主题,华服。

我永远也不会觉得婚礼腻烦。

我可以告诉你我想象中的婚礼是什么样,我的礼服是什么样,我会准备哪些美食……噢,我策划的婚礼太多了,所以很清楚我想要怎样的婚礼。

问题只有一个。那天,贝西身着完美无瑕的结婚礼服,走出化妆室,她道出了这个问题。

"你这么喜欢婚礼,却不想结婚,真搞不懂你是怎么想的。"

噢,是呀。一语中的。

2009 年,我不想结婚。

这是个问题。噢……其实不是的。这根本不是问题。

问题是现在是 2014 年。问题是我应该在夏天结婚,就是我开始说"我可以"的大约八个月后。

我依旧不想结婚。

我想我这辈子都不想结婚。

这才是问题所在。

❖ ❖ ❖

我一直都很肯定我愿意做母亲,我一直都知道我愿意收养孩子,我对此百分百肯定就好像你知道太阳一定会升起,四季会更迭,这些都是不变的事实；就好像我知道就算我上了年纪，也会很漂亮；就好像我知道我是个作家。在我内心之中，为人母是那么真实，我从未想过会对其产生怀疑。

我认为有些人对婚姻也是如此肯定，我觉得他们是这么想的。

但我不是这样。

我始终不曾如此。

我小时候不怎么爱玩，桑迪却很爱玩。我的哥哥姐姐们都是少男少女了，作为家里仅有的两个小孩，我姐姐桑迪不得不把我当她的玩伴。她比我大两岁，强逼我离开食品室，或是把书从我的手中拿走。她还会让我和她一起玩，但她的玩与其他孩子的玩可不一样。她不喜欢玩球，不喜欢把自行车骑得飞快，不喜欢挖土，也不喜欢和其他女孩子一起惊声尖叫地追着男孩子跑。桑迪的兴趣在于别出心裁的假装游戏。

噢……

别出心裁的假装游戏，假装她是我母亲。

她用图画、纸和蜡笔制作出了她自己的厨房，然后我们玩做饭和洗碗游戏。我母亲看到桑迪这么专心，便给了她一件小围裙，一套小小的瓷茶具，还有一个真正的圆环小盘，我母亲允许她在真正的火炉上做真正的小蛋糕。每个礼拜总有那么一次，桑迪会小心翼翼地把我们收集的一大堆洋娃娃衣服摆在餐桌上，而每件衣服上都用胶带贴着手工制作的价签。然后，我们站在纱门外面，盯着钟表看，等着我们的大姐有礼貌地喊："商店开门了！"收到信号，我们就冲进屋内，第一个去争抢减价商品。有时候，会有假扮的售货员假装对桑迪说一些势利尖刻的话，还会略微带着种族歧视的语气。桑迪则会把那个假扮的售货员训斥一番，言辞锋利，语言巧妙，如此一来，那个售货员就会潸然泪下，穿过商店去追桑迪，非要把裙子便宜卖给她。接着呢，桑迪就会提出要见经理。这个游戏叫"妈妈去百货商店购物"。

有一年圣诞节，桑迪得到了一台粉白色的小胜家牌缝纫机，我觉得那东西应该是个玩具，但它到了桑迪手里，硬是成了她自己的《天桥风云》迷你工具箱了。她为我们的娃娃缝制衣服，那些衣服不光时尚，还做工精细，看了叫人印象深刻。她向我解释产品的品质有多重要，还说为什么打死也不能买商场里的便宜货。这个游戏叫"妈妈缝纫"。

在很长一段时间里，我都乖乖听话，她要玩什么我就玩什么。但后来我越来越大，原来的一切就都不算数了。

我的卡拉娃娃（在 20 世纪 70 年代，要是你有个黑皮肤、短头发的芭比娃娃，那她的名字就叫卡拉，到了 80 年代，她的名字变成了克里斯蒂，有一头闪烁着光泽的长发），反正就是我的卡拉娃娃大部分时间都和她的朋友卡拉二号在大学里闲逛，卡拉二号碰巧和卡拉长得很像。她们一起讨论去格斯塔德（我一直觉得"格斯塔德"这个词听起来很酷）滑雪的计划，还讨论是该去当个家庭女教师，还是该和她有钱的阿姨一起去旅行（我当时迷死了《小妇人》）。命中注定的肯娃娃出现了，要约她出去。卡拉从不咯咯笑，也不穿我姐姐煞费苦心为她缝制的小新娘礼服。她从未和肯约会过。

当我第一次拿到肯娃娃的时候，我便仔仔细细地观察了他一番。他的屁股四四方方的，很平滑，头发是染色的，弄得我感觉很奇怪。还有他的脑袋……肯娃娃栽就栽在了这里。

卡拉从没和肯约会过。她只是把肯的脑袋弄掉，把她的很多双鞋子放在他的空脑壳里保存。然后，她把他的脑袋放回去，让他开车送她去间谍组织，她和她最大的敌人神探南希一起秘密管理着这个组织。肯的空脑壳既实用又好看。

我不愿意烘焙小小的圆环蛋糕，也不愿意缝制裙子，更不愿意穿围裙逛商店，我对把现实中的事情拿来当游戏玩不感兴趣。我想把我的时间用来……编故事，讲故事，生活在我的想象之中。那个地方容不下婚姻。

但是新娘……

当我第一次看到《音乐之声》里的玛利亚，新娘便成了我的一切。

她离开了女修道院，有了好几个孩子，那个上尉那么热情，她的结婚礼服又是那么漂亮。

我爱浪漫。我爱爱情。

我喜欢和与肯不一样的男孩子约会，他们不是草包，腹有诗书。我喜欢交朋友。我喜欢有意思的男人。

我喜欢我的'客户'有人约见。

然而，

结婚呢？

谁会在乎呢？

"但是，珊达，如果他是你的白马王子呢？如果你们是天生一对呢？如果他是你的灵魂伴侣呢？"

唉。

❖ ❖ ❖

我的父母就是这样一对神仙眷侣。

1994 年，我从南加州大学电影学院毕业，获得美术硕士学位，我的父母搭飞机来参加我的毕业典礼。

我坚持要他们住在我的小公寓里，而我的小公寓所在的区域绝对称不上洛杉矶最美的地方。他们兴致勃勃地同意了。那天晚上，我让他们睡我的床，我则睡在地板上。

公寓里很安静，黑咕隆咚，我们躺下三四十分钟了，我还以为他们都睡着了，我也有些睡意。然后，我母亲的声音自黑暗中响起。

"你知道，我在想一件事。"她说。

不是问题，只是在陈述事实。

我父亲立即就接了话。我还以为他们都睡着了，看来是我猜错了。

"什么事？"

我母亲说——

等等。我先声明一点，我有可能说得不对，毕竟我对他们要说的话题一无所知，好吗？

我母亲大概是这样说的："我在想马斯洛夫的精神性欲表达理论，以及它与斯德哥尔摩综合征的关系。"

我则躺在地板上，琢磨着："他们在说什么？"

斯德哥尔摩？瑞典的斯德哥尔摩？

我有没有告诉过你，我母亲是一位聪明的博士？

我等着我父亲回答。我等呀等，心想他要怎么委婉地告诉我母亲，没人听得懂她在说什么，还是赶快睡觉吧。

只可惜事与愿违。

听听这个吧，只是听听就行了。

"我在想马斯洛夫的精神性欲表达理论，以及它与斯德哥尔摩综合征的关系。"

而我父亲这样回答：

"我也在想这个！"

瞧见了吧。他的语气充满感叹。接着，我父母就热火朝天地讨论起了这个话题，还讨论了很久。

他们的天作之合就体现在这个方面。

因为我父亲也在想那个问题。

我母亲在想一个问题，而我父亲也会想到。他们都认为那样的问题很有意思。

他们永远都能想到一块去，说起话来也投机。他们在家里从一个房间到另一个房间，总是形影不离，如同一根藤上的两个瓜。

他们是相亲认识的。那肯定是一次不可思议的相亲，结果他们两个便开始了一段天长地久的关系。

他们是合作伙伴，是旅伴，最好的朋友，两个知识分子，体育迷，他们是完美的互补，结合了五十多年后，他们依旧你侬我侬，热爱着对方。人们都以为我对我父母的婚姻有些夸大，直到见到他们，才真的相信我所言不虚。你若是见到他们，也会看出这一点。我父母就是婚姻的完美典范。他们了解婚姻，相信婚姻恒久不变。在他们看来，婚姻是一段旅程，一路上道路崎岖，九曲十八弯，却没有尽头，没有出口匝道。他们不在乎。他们只忙着享受婚姻的乐趣。

我从小到大都是坐在前排座椅上，看着幸福健康的婚姻到底是什么样子的。他们的婚姻并不完美，一直在改进，却始终不离不弃。

我的父母中了婚姻的头奖。

我的父母把婚姻变成了一次维持五十多年的快乐约会。我的父母让你觉得养大六个孩子、一起变老就好像是在参加舞会。我崇拜他们的婚姻。我尊敬他们的婚姻。我在我所有朋友的面前夸耀他们的婚姻。

他们是天生一对。

他们是灵魂伴侣。

然而，我还是不想结婚。

我告诉我自己，这是因为他们拥有美满的婚姻，因为他们这个榜样太好了。如果我能遇到一个人，他能让我相信我也可以拥有那么美好的婚姻……

我告诉我自己我拥有开放的思想。在我四十岁之前，我只是时不时想到我不愿意结婚这事。甚至感觉很不真实，只是个想法而已。我从未将它宣之于口，从未对任何人说过。我为什么想结婚呢？根据我编写的电视角色所得到的反馈来判断，一个女人不想结婚或是不想生孩子，就应该受到从前那种女巫审判。

人们真的不喜欢看到你决定离开正路，爬上高山。这会使怀有善意的人们紧张不安。

"我们只希望你幸福。"迷惑不解的朋友们看到我心满意足地过着单身生活，便着急地对我这么说。

　　我从未吐露内心的感觉，没对朋友或家人提起过。我没对我约会的男人提起过。我心想："谁知道呢，我又知道什么呢？我说不定会改变主意。或许我错了，或许我想要婚姻呢，只是我还不知道我想结婚而已。思想开放点吧。"

　　于是我保持着开放的思想。我一边对婚姻保持开放的思想，一边打造我自己的生活和事业，以及一个不需要丈夫的家庭。

　　后来……

❖ ❖ ❖

　　我现在要说这件事，却不能说得太过详细。我尽全力吧，不要和我太较真。我会把所有关于我的事都告诉你，但这一件呢？它不光是我一个人的事。我确实改变了一些细节，我改变了各种各样的细节。我放弃了一些发光的东西，去除了一些火花。我想把重点说清楚——我真不愿意说与其他人有关的事。

　　我说得够明白了吗？

　　不管怎么说，这都是我的错。

　　我是指整个婚姻。问题由我而起，我本不想这么做，我并不打算这么做，我只是……

　　他是个很出色的男人，风趣，聪明，还很可爱。

　　我对他充满热情，我认识他很多年了。他喜欢我的孩子们，我的家人也很欣赏他，我的朋友们都喜欢他。我们在一起很快乐，经常笑，有聊不完的话题。他爱我。我爱他。一切都看似很完美。

　　我充满热情。

　　我真的充满了热情。

　　你能感觉后来怎么样了吗？

　　我当时就没感觉到，我现在倒是感觉到了，我现在对那时的事看得很清楚。可在当时……我并没有先见之明。

每一段爱情关系都会遇到一个问题。这段关系会走向何方？会天长地久吗？接下来会怎样？

我从未问过这些问题。我听说很少有女人不会问，但我例外，因为我不在乎答案。我只关心当下，只在乎眼前。

但爱情中的人最终总会把这些问题问出口。我们的关系将走向何方？会天长地久吗？接下来会怎么样？

他就想知道。

我很热情。

但我不愿意谈未来。

他却很想知道。

而且，我很肯定他想知道是因为我很热情，我的热情似火让他对此产生了好奇。

这又是一次棘手的对话。在说"我可以"的一年前，我并不清楚该如何进行棘手的谈话。

我很紧张，压力很大。但我不愿意模棱两可，我愿意得到一些答案。因为他在乎答案，所以我也在乎。

或许我很想结婚，或许婚姻会很美好。

是呀，这是明摆着的。婚姻很美好。

我告诉琳达·罗伊婚姻有多美好，她的婚姻就很美满长久。可我还是给人家讲开了大道理。就婚姻有多美好这事，我尖声尖气地用《丑闻》的节奏对她发表了一段独白，她听得目瞪口呆。后来，她说她从未见过一个人的眼神会这么疯狂这么纠结，但我很满意。因为我把碎片都组织在了一起。

在开始说"我可以"之前，关于我自己，我有很多疯狂纠结的想法，但我显然需要帮助。我显然是碰到了问题。

就这样，没有事先问过，也没有知会一声，我大脑中那个讲故事的人便替补上场。是呀，我打了一个体育方面的比喻，讲故事的人在第一球中便击出了全垒打。

讲故事的人解决了问题，我内心中的骗子清除了一切障碍。我和我脑海中那个讲故事的人围坐在篝火边，编造出了蒙大拿州大农场里的婚姻故事，我们说一旦结了婚，就会发现婚姻的美好，两个人有多相配，婚姻一定会长长久久，双方就像一个藤上的两个瓜。

我铺了铁轨。

噢，这铁轨是我铺的。

为了一辆火车而铺……

这就是关键。

关键是没有火车。

没有制作团队在等着搭建布景，不需要维持预算，不需要给演员进行拍摄。

我在一座鬼城中为一辆幽灵列车铺设铁轨。

我铺设的铁轨通往一个不存在的地方，而永远都不会有列车开来。

只是我还不知道。我依旧觉得我能听到那辆火车在远方发出的呼啸声。现在，它随时都可能开来……

所以，我一直保持着热情。

婚姻！婚姻多美好哇！

（呼吸，呼吸）

一根藤上的两个瓜……

先迈一只脚，再迈另一只脚。我不行。

我们将携手度过我们的余生。

先迈一只脚，再迈另一只脚。我不行。

一根藤上的两个瓜……

他是那么快乐。我是那么快乐。只是……

先迈一只脚，再迈另一只脚。我不行。

我想到了多萝西，她和杰夫一起度过了三十五年的婚姻生活。我想到了我的父母，他们的婚姻已经持续了将近一辈子。我想到我在结婚两个月后便会开始头疼。

我说，先等等再向家人和朋友坦白。先把婴儿接来安顿好再说。等家人聚在一起再说。等过了圣诞节再说。

等一等，等一等……

先迈一只脚，再迈另一只脚。先迈一只脚，再迈另一只脚。先迈一只脚，再迈另一只脚。

我不行。

请记住，这个时候说"我可以"的一年尚未开始。所以，我做了每次有压力时都会做的事，我开始大吃特吃。

我吃呀，吃呀，吃呀。我不停地将食物送进嘴里。我已经说过，我这个时候是最胖的。他并不介意，他爱我，他的爱并不肤浅，他这个人真不可思议。

他越是出色，我塞进嘴里的食物就越多。

人们老是说我容光焕发。

他们说这是因为我恋爱了！

我说这是因为我很胖，满身臭汗！

看到我和他在一起，每个人都特别高兴。他们喜欢他，对他赞不绝口。

注意了：我找到了一个男人，所有人盼着我嫁给他，他们说了很多称赞的话，甚至都没有人对我的孩子们的出生表示夸奖、祝贺和兴奋，而且，这段关系也盖过了我事业上的成就。这件事引起了轰动。我身边站了个男人，此事让人们都兴奋到了极点，就好像人们见到迈克尔·杰克逊现场表演一样开心，人们会尖叫和哭泣。

好吧，没有尖叫和哭泣。

但他们是真的开心。

他们就要尖叫和哭泣了。

一个男人。对抗三个孩子；一整晚的晚间档；皮博迪奖；金球奖；美国导演公会、美国作家协会和同性恋者反诋毁联盟颁发的终身成就奖；十四次有色人种促进协会形象奖；三次美国电影学会奖；一个哈佛奖章；进入广播名人堂——这只是我的一部分成就。

一个男人。

他是个出色的人，是最好的男人之一，跟乔治·克鲁尼一样优秀。

然而，我不是弗兰肯斯坦博士（《科学怪人》的主人公，创造了一个毁灭了他自己的怪物。——译者注），他也不是我创造出来的，所以我不愿意因为他的存在而得到夸奖。

这就好像有个男人愿意娶我，我的价值就提高了。

你知道什么比肥胖更让人忌讳吗？

那就是不想结婚。

稍后记得提醒我就此发动一场革命吧。

❖ ❖ ❖

随着说"我可以"的一年向前推进，我这才不再执迷于一根藤上的两个瓜这个故事，才不再坚信我们是天作之合。因为我们不是，我知道我们不是。因为我夜不成眠，内心恐慌。

他会搬到这里来吗？和我住在一起？和孩子们住在一起？住在这里？和我住在一起？

到时候我要时时与他说话，每天都要见到他，注意他。将更多的精力和注意力放在他身上。现在和他相处极为困难。我这么说不是要侮辱任何人，我只是在陈述事实而已。我的自由时间首先是用来和孩子们相处，然后是陪伴朋友和家人。我当然还要独处，给我的大脑一些空间去写作，享受我的食品室时光。为了见他，我已经从这些事情中分别抽出了一些时间。

他好心地说："你写吧，我就待在这里好了。我们用不着说话。我就想和你待在一起。"

亲爱的读者，我和你现在是很亲近的朋友了。所以你知道我对写作的感觉。

写作就是脑海里的嗡嗡声，写作就是在铺设铁轨，写作就是兴奋。

现在想象一下，嗡嗡声、兴奋的感觉、即将铺设的铁轨都在一扇门后面。而那扇门在五英里开外。这五英里……就是在写废话，涂鸦，绞尽脑汁想出新构思，上网，希望不要分心进而放弃。还有更糟的呢。这五英里中处处都是巧克力蛋糕、杯子蛋糕、一集又一集的《权利的游戏》，伊德瑞斯·艾尔巴等着和你一个人说话，外加很多很棒的小说。

每次我坐下来写作，就必须从心里跑过这五英里，跨过那些诱惑，才能来到那扇门前。这段五英里跑步漫长而艰难。有时候，到了门前，我只剩下半口气了。

所以我才一直这么做。

我越是常常跑过这五英里，我就越适应。我越适应，跑起来就越容易，路上的那些诱惑就越是显得不那么新鲜刺激。我是说，它们在那里多久了，我怎么没注意到？更重要的是，在适应了之后，我跑得就更快了。我跑得越是快，就越能更快地到达门前。

作家们，你们也可以更快。

每天当你们坐下来写作，就会越来越容易地进入你脑海中的创造性空间。

我越是快地抵达那扇门，就越快地接触到好东西。

那扇门后面就是好东西。

所以，当我来到门前，把门打开……我的创造性就在此时开始发挥作用，我脑海中的那个特殊领域便开始工作，我便摆脱了费力的状态，进入狂喜之中，忽然之间，我可以一直写下去——

接着，有人打开那扇门，问我要咖啡还是水，这下我面前再次出现了一条五英里的漫漫长路。我咬紧牙关，挤出一个笑容，说："不，谢了，我已经有咖啡和水了，就在这里。"然后，我得再跑一次五英里。

白天在办公室里这种情况大概会发生三十五次。

总有人驱散我脑海里的嗡嗡声，而且理由充分。但我还是忍了又忍，才不会拍案大骂。

亲爱的读者，想想看在家里也会发生这种情况。而且那个人是那么爱你，本意也不是要打扰你。

我用不着想象，我太清楚那是个什么样的情形了。

我有孩子，任何职业母亲都知道那是怎么一回事，但如果是孩子们打断了我的嗡嗡声，就是另一回事了。我心甘情愿咬着牙，一整天都对她们微笑。为了她们，我愿意用身体去挡汽车，我会为了她们去和狮虎大战。她们是我的孩子。

我尝试想象如果打断我的不是孩子们会怎样，我尝试想象心甘情愿把他与孩子们相提并论。

我为什么要这么对我自己？要这么对他？

我感觉自己被困住了，就像一只笼中鸟。我知道，我知道。这么说显得我跟个怪物似的。有人那么爱你，想跟你在一起，珊达！你到底是怎么了？真搞不懂你！

你知道谁了解我吗？你知道谁在这个问题上和我感同身受吗？

克里斯蒂娜·杨。

我把我对婚姻的矛盾情绪安插在了她的身上，我把我对工作的热情放到了她的身上。我让她和我一样，热爱着比爱情更深刻的目标，这个目标比任何男人都更能吸引她的注意力。这个目标就是做一个具有创造力的人，这是个很难企及的目标，她永远都不会放弃追寻这个目标。

谁是她的真爱？谁是她的灵魂伴侣？谁是她的天作之合？

手术。

你都拥有巧克力工厂了，为什么还要和那个男人结婚呢？

他爱我。我爱他。然而，我还是无法想象分给他更多的关注。我尝试过了，我只是无法想象而已。

我终于说出了心里话。我说我要推迟婚礼，而且暂时不想谈到任何关于婚礼的话题。

推迟多久？

一年。

这种要求肯定不能获准，但他还是接受了。因为他就是这么一个疯狂、和善和能理解别人的人。我依旧心烦意乱。因为我知道我是在自欺欺人，我知道我是在推迟真正的摊牌。

在说"我可以"的一年里，这个"我可以"是最难的。

说"我可以"，我这么告诉我自己。说"我可以"把心里话说出来。

我和我的死党们谈起了这件事。他们很严肃，很担心，却选择支持我。我的死党们都站在我背后。

于是我做了，我把心里话向他和盘托出。这是我第一次面对面和他说这些话。

"我不想结婚。我八成永远都不想结婚。我很肯定我绝对不愿意结婚。或许等到贝克特大学毕业了，我会考虑结婚的事。又或者等我到了七十五岁，就愿意结婚了。"

他听得目瞪口呆，他有这种反应也是正常的。

他想知道原因。

我说了很久。我说，自古以来那些结婚的原因不再适用于独立的女性。我说，结婚就是一张纸，是一份有约束力的契约，其目的在于保护财产，很多时候婚姻都是用来保护女性的权利，因为女性要带孩子，弄得一分钱收入也没有。婚姻不过是一种财务合伙关系，与爱情无关。爱情是我们每天都可以做出的选择。浪漫的爱情作为通往婚姻的路径是一种全新的概念，我这么告诉他。而且这个概念很愚蠢。

我告诉他我不相信离婚。绝不相信。

我告诉他，我曾见过婚姻和浪漫爱情在我父母的身上奇妙地结合在一起，所以我知道拥有天长地久的爱情的婚姻是什么样子，需要多大的付出。

我做了个深呼吸，告诉他我的最爱是写作。我和写作是天生一对。我告诉他，我的精力之井太深了，我很高兴将我的精力投到写作和培养女儿上面，我决不会耗费精力来经营一段他所向往的那种婚姻。我告诉他，如果我们结婚了，而我把他摆在第二位，把工作摆在第一位，他一定会怨我，渐渐地就会恨我。我不能忽视我灵魂中的创造力。我也不愿意这么做。

我说，让我们做两个离经叛道的人吧。让我们只恋爱，不要理会那些条条框框，不要在乎别人怎么看。让我们别再以婚姻为终点，让我们为我们自己重新定义在一起的生活。让我们自由，不要被各种规矩束手束脚。

我想把这些话都说出来。

但我并没有都说出来。

只说了其中的一些。我没有将这些话和盘托出。因为他看起来是那么失望，那么困惑不解。

他说："但是……但是……我还以为你是个传统的人。"

正是在这个时候，我才意识到：我就是那辆火车。

我就是火车。

我铺设了铁轨。

是为了我，因为我就是火车。

我隆隆地驶过轨道，驶出了视线。我就是虚构，我编造了我自己。我铺设了铁轨，建造了布景，拍摄我自己，我呼啸着驶进车站。老天，这辆火车可真不赖。我讲了一个好故事。我把我自己变成了他喜欢的样子。

我创造出的我与我每天在镜子里看到的我没有任何相同之处。

我老了。我喜欢虚构。

谁能知道我对我们两个都撒了谎呢?

珊达这个角色由珊达扮演。

❖ ❖ ❖

我真希望我能告诉你,我跌跌撞撞地走出了那段关系,却搞得崩溃沮丧、遍体鳞伤。

但我没有。

我知道我告诉过你不要一边看我的书,一边评价我。但在这里,你大可以随便评价。我绝不会发牢骚,让你别再看我的书。你可以随意评价。

看到了吧。这个重要问题的解决,更加明确了我是谁,并且永远地改变了我的生活,只有我一个人取得了重大的突破。我取得了突破,别人却伤透了心。所以,当我忙着有所顿悟的时候,一个很出色的人则尝遍了痛苦。我或许成长了,改变了,但我也拿走了别人的梦想和未来的计划,并将它们付之一炬。我的快乐建立在别人的痛苦之上,或许有一天我会为此宽恕我自己。

可在当时呢? 当一切都结束的时候,我并没有想到这些。我只是感觉……异常轻松,很高兴。

就像我说的那样,你可以随便评价,任你如何评判都可以。你肯定愿意评价,因为我要告诉你的是,我走出了那段关系……

没有崩溃沮丧、遍体鳞伤,我竟然高兴地跳起了舞。

我居然在跳舞,而且我很久都没这么高兴过了。

❖ ❖ ❖

见到多萝西的时候，我咧开嘴笑了。我喜不自禁，满面红光，浑身上下都很轻松，开心得很。

"你怎么这么高兴？"她问。

"我不想结婚，所以我们分手了。"

她立马皱起了眉头，我则在家庭活动室里跳起了舞。我母亲管这叫"脚底生风"，而且她一说这话，我们就该立即停下。不过她现在又不在，我便拿出了我跳得最好的80年代的舞步：《奔跑的男人》《卷心菜》……

多萝西盯着我。我女儿艾默生坐在她的腿上，也盯着我看。多萝西冲我的方向摆摆手，用一个动作就抹杀了我的全部舞步。

"这件事，与你那个说'我可以'的一年有关？"

"是的。"我一边跳舞，一边给她讲了事情的经过。

"这么说，"我说完之后，她缓缓地说道，"你说了'我可以'不结婚，所以这么高兴？"

我不再"脚底生风"，而是一屁股坐下，良久，我都没有说话。

"不是的。我觉得我这么开心，是因为我意识到，我一点也不需要童话。我是说，我早就拥有童话了。我是说，我就在童话里。我拥有了不凡的事业，几个可爱的孩子，美丽的家，很棒的生活。而且，我还遇到了一个好男人，我拥有一切。我应该想要所有的一切，那样的话我就完整了。嫁给一个好男人是连续剧的大结局，我在一定程度上觉得我自己太顽固了，毕竟如果我做了我应该去做的事，如果我结婚了，有可能会更幸福。而且，所有人都会为我感到高兴，一切本可以如此简单。婚礼唾手可得，那个好男人唾手可得，幸福就在那里等着我，但我不想要。"

我迈着太空舞步出了家庭活动室。我身后的多萝西依然在盯着我。我知道她不理解我，稍后我会再向她解释的。此时此刻，我必须跳舞。

这个"我可以"对我而言具有相当的分量。

你准备好了吗?

我的幸福结局与你的幸福结局并不一样,而你的幸福结局不同于我姐姐多萝西和桑迪的幸福结局,不同于左拉的,贝西的,戈登的,斯科特的,或是珍妮·麦卡锡的。每个人都有自己的版本。

我们这一生都在拼命争取,不要走这一步,不要做那件事,或是不要成为那种人。

我们拼命争取,不去遵守适用于所有人的通用标准。

我们穷尽一生都在走同一条路,遵循相同的规矩。

我觉得,我们都认为只要遵守相同的规矩,就能收获幸福。

相信只要我们和其他人一样,就能收获幸福。

这是错的。

压根儿就没什么规矩可言。

规矩只有一条。

那就是这世上没有规矩。

你需要过什么样的生活,你想要过什么样的生活,就去过那样的生活,这才是幸福。幸福就是遵从内心的声音。幸福源于做真正的你,而不是做你认为你应该成为的那个人。

做个传统的人再也称不上传统了。

真有意思,我们至今仍会要求人们传统。

将你的生活作为标准,伙计。

你不想要孩子?那就不要。

我不想结婚?那就不结。

你喜欢单身?那就好好享受单身生活。

你想去爱一个人?那就去爱吧。

不用道歉,不用解释,不用感觉自己欠缺了什么。

当你感觉有必要道歉或解释真正的你是什么样子,那就表示你脑

海中的声音在向你传递错误的信息。将往事一笔勾销，重新开始书
写吧。

　　这世上没有童话。

　　做你自己的讲述者。

　　去争取幸福的结局。

　　先迈一只脚，再迈另一只脚。

　　你能行。

第十五章

我可以很美丽

我站在一个苹果箱子上。

这个坚固的木板条箱本是用来装水果的，现在则成了我的平台，我的高度增加了，灯光才能以正确的角度打到我的脸上。他们告诉我，让灯光以正确的角度打到我的脸上，这件事很重要。

这并非我擅长的领域。所以，当摄影助理指着那个苹果箱子，我就乖乖地站了上去。我站在箱子上，一动不动，等待着。会有人告诉我接下来该怎么办，对吧？

我后面挂了一大块黑布，这个背景简单却优雅。我前面有很多电缆，活像一条条很粗的蛇。强光灯上装了滤光片，工作人员穿梭其中，忙个不停。两个操着南方口音的健壮男人将摄影机安放在适当的位置上，又将摄影机移动了一两英寸，寻找精确的位置。

我看到几个穿着考究的男女站在房间后面的角落里，以免碰到设备，他们在低声交谈着。他们都是公司行政人员，有制片厂的公关、私人公关、经理、杂志社的高管，这些人来这里是为了让今天的工作顺利地照计划完成，我看到我的公关经理克里斯一号也在。

我看看左边，只见一堵临时墙壁隔出了一个化妆室。在临时墙后面，艾伦 · 旁派的笑声从化妆室一边传来，维奥拉 · 戴维斯在化妆室另一边低声沉稳地说着什么。我知道凯莉 · 华盛顿在化妆室的中央。

我和周四晚间档的女主演们一起在这里。我、艾伦、凯莉和维奥拉在为《娱乐周刊》拍照片。我就要登上美国最流行的杂志之一，成为封面女郎了。

而且是站在这个苹果箱子上。

噢，是的。

就算你要我站在我自己的脑袋瓜上，我也会试一试。

我终于看到了他。那个我一直在寻找的男人，他就是摄影师詹姆斯·怀特。他和他的团队站在一边。他们一边看着我，一边低声交流着。他们的脑袋歪向一边，审视着我，仔细剖析他们看到的一切。

我尽可能挺直腰板，希望能让他们更满意。我尽可能把肚子往里缩，并且摆出自信和热情的表情。我试着摆出超模的样子。噢，这是绝不可能的事。我摇摇头，觉得自己真好笑，竟然想装超模。

但有那么一刹那，我很想飞奔跑掉。我真的在考虑这个可能。或许我真该跑的。或许我会掉头跑走。

我本来可以就此写一章的。

就叫"我可以逃跑"。

想着想着，我扑哧一声笑了起来。搞得凯西对我直皱眉头。

"别笑了。"

凯西是个超能干的化妆师，这会儿，她正给我化眼妆，让我的眼睛显得完美无瑕。所以她有充足的理由专横，让我"别笑了"。她其实是在说："你一笑，身体就会晃动，一摇晃，我手里拿着的这个又长又尖的东西就会扎进你的眼球，那样你就再也笑不出来了。"

我之所以知道这个，是因为我们已经合作了很多年。我们有我们的简略表达方式。

我对她叹口气。怀旧。敬畏。

"你能相信吗？"

我说真的。我们竟然在这里，做现在在做的事。竟然在拍摄杂志封面。我是说，换作是一年前，我一定会觉得拍摄封面是荒唐透顶的事，现在则觉得很有趣。

她对我笑笑。凯西和我的发型师沃琳一直在近距离见证这一年来我说"我可以"的历程。刚刚接受挑战那会儿是我最容易动摇的时候，她们鼓励我，提醒我说"我可以"是个很好的主意。她们曾见过我一丝不挂的样子，知道我的每一处皱纹、花白头发和瑕疵。在每一次的采访、公开亮相或拍照之前，我都会看向她们，等着她们微微点头以示赞赏，这表示我看起来很不错，可以继续进行。她们和我的造型师德娜都是我的生死之交，她们是富有魅力的团队。

凯西对我笑笑，一副神采奕奕的样子。感觉很温暖。

"看了你这一个星期干的事，"她说，"是的，珊达。我能相信。"

❖ ❖ ❖

那个星期是不同寻常的一年里的不同寻常的一个星期。在这期间，新的画在我大脑的墙壁上找到了属于它们的合适位置。

上周一，我站在录音室里当雕塑。

我说真的。

芝加哥市邀请不同的作家撰写文章，为这座城市里的艺术品锦上添花。这些文章将会被录音，做成音频文档，只要有智能手机就能收听。我要写的艺术作品是米罗的雕塑《太阳、月亮和一颗星》。这座钟形雕塑位于不伦瑞克广场，高三十九英尺，很难看。雕塑刚刚竖立起来那会儿，人们都说这东西是个丑八怪，都嘲笑它，后来，人们越来越喜欢它，还给了它"芝加哥小姐"的美誉。

我写了一段独白，先是描写芝加哥小姐脑腆、不招人喜欢的女性性格，跟着写到它渐渐拥有了力量和意志力。我在录音室里为听众录制了那段独白。我的声音就是芝加哥小姐的声音。对我而言，那一刻凝固成了永恒，变成了我大脑那堵墙上的一幅很小却强有力的画。我一个人站在麦克风前面，说出我为雕塑写的文章，而我必须暂停下来，让自己稳住。

念出那段独白让我异常感动，而我为雕塑写的文章中有几句很适合我。

"我与众不同，我具有独创性。和其他人一样，我在这里，在宇宙中占有一席之地。我很骄傲。"

❖ ❖ ❖

周二，我的脑海中出现了一幅新画。我再次来到了贝弗利·希尔顿酒店，参加电视影评人协会座谈会。美国广播公司正在向评论家和周四晚间档座谈小组做总结陈述。我、维奥拉、凯莉、艾伦和其他制作人在上台前傻乎乎地自拍。我穿了一件黄绿色的奥斯卡·德·拉·伦塔高级定制裙子，坐在中间。我没法告诉你座谈会开了多久，我向来都无法确定这种场合的时间，但我可以告诉你我说起话来没完没了。我可以告诉你，我感觉自己不是站在执行死刑的枪击队前面，反而感觉是在我家的客厅里。有人问我，在讲述我生平的电影里，谁来扮演我，听到这个问题，我依然会吓得哈哈大笑。在当晚举行的鸡尾酒会上，很多记者过来问我电视剧的问题，然后都会说这样的话：

"这是我第一次看到你在这种场合中笑。"

"你改变了很多……"

"你……今年的你和往常不一样了。"

第一，唯一，不同。

是的。

这就是我现在的样子。

❖ ❖ ❖

上周五，我去了加州海岸的希望之乡。这是奥普拉的家的名字，说得好像你不知道似的，这就好像不知道白宫叫白宫。

我受邀到希望之乡去拍摄一集奥普拉 · 温弗里电视网的《超级灵魂星期天》。

我和奥普拉坐在一起接受采访，而且，我坚持了下来。

我干得还不错。

如果你打电话给我，问："嘿，珊达，接受奥普拉的采访感觉如何？"

问得好。

我很高兴你会这么问。

找个舒服的位子，听我给你细细讲来。

因为我记得每一个细节。

我记得当时的体验。我的大脑清醒得很。我的灵魂没有脱离我的身体，准备迎接我命中注定的死亡。

我很放松，我很自在。我一点也不紧张，甚至觉得采访妙趣横生。

你听到我说的了吧。

采访给我带来了一段美好的时光。

一幅很大很漂亮的画自行挂在了我脑海中的墙壁上，并且永远留在了那里。

而且，这不仅仅是因为奥普拉是个很棒的人。奥普拉无疑是世界上最好的脱口秀主持人，她很聪明，富于远见，为人又很亲切。她很棒。但是，在说"我可以"的一年前，她就很棒了，而从前的珊达只会慌里慌张，最后什么也记不住。

奥普拉一向都是这么优秀。

变的人是我。

我不会穿上任何铠甲。我无须隐藏。我无可担心。

我……无所畏惧。

所以，我们聊开了。

其实没什么好害怕的。

其实没什么好隐藏的。

其实没什么好紧张的。

❖ ❖ ❖

现在，我在这里为《娱乐周刊》拍摄封面。

我大脑的墙壁上又多了一幅画。

"我看差不多了。"凯西说着拿开了塞在我脖子处晚礼服里面的纸巾，向后退开。

然后，詹姆斯忽然站在我面前，肩上挎着一架相机，我看到一辆小手推车上还有两三架备用相机。

詹姆斯看起来友好而开放，我立即就喜欢上了他。他伸出手，握住我的手，目光落在我身上。我让自己的身体放松下来，牢牢地看着他的眼睛。我早就学会了怎么拍照，所以知道在这里，在这一刻，我要和詹姆斯一起努力，哪里都不能去。

"准备好了吗？"他问。

我做了个深呼吸。

我准备好了吗？

准备好了吗？

我又做了个深呼吸，看着詹姆斯。

"是的。"我说，"是的，我准备好了。"

詹姆斯笑了。他握握我的手，眨眨眼，打消了我的疑虑。

"那就开始吧。"他说着拿起了另一架相机。

❖ ❖ ❖

几天之前，我试着向多萝西解释，一年半前的那个感恩节早晨，她所做的事情对我而言有多重要。我很想谢谢她，对她说她改变了我的生活。我想告诉她，是她救了我的命。在我说话的时候，多萝西看着我，脑袋歪向一边，礼貌地等待着，但从她的表情可知，她觉得我的话简直荒谬至极。

"珊达。"等我终于说完了，她这才开口，"我什么都没做。所有事情都是你自己做的。这就好像……"

多萝西说到这里便住了口。每每讨论重要的事情，她就会停顿很长时间，来吊人胃口。她走到我的冰箱前，翻了半天，拿出一个桃子。她把桃子洗干净，擦干。我这可不是在开玩笑。

"这就好像你需要得到一个允许。"她终于说道。接着，她耸耸肩："我是你的大姐。我给你这个许可。这就是小事一桩。"

我点点头。就在我转过头的时候，她再次开了口。

"我太为你骄傲了。"她轻声说，"你以前很不快乐，你只会睡觉。这么说毫不夸张，但也是个比喻。你总是睡觉，弄得我很担心。生命稍纵即逝，你的生命似乎真的很短暂。现在你彻底变了一个人，你浑身上下都散发着生气，鲜活热情。有些人一辈子都做不到。"

她说完便把手提袋背在肩上，走出了我家的厨房大门。

这就是我的姐姐。

❖ ❖ ❖

我唯一了解到的事就是我根本是个一无所知的人。如果有人在2013年感恩节早晨告诉我，我现在会变成一个完全不同的人，我一定会当着他的面嘲笑他。然而……我就是现在的我。

减掉了一百二十七磅。

远离了几个恶毒的人。

与我的家人更亲近。

是个更好的母亲。

更好的朋友。

更快乐的老板。

更坚强的领导者。

更具创造力的作家。

我变成了一个更真诚的人，对我自己是这样，对我生活中的其他人也是如此。我更富冒险精神，更加开放，更加勇敢，更加友善。不光是对其他人，也对我自己。我从前对自己非常残忍，但现在不会了。

食品室的大门已经打开。我走了出去，混迹于人间。

我要攀爬另一座高山。

寻找更美的风景。

要在大脑的墙壁上挂很多很多画。

❖ ❖ ❖

有一台电扇往我的脸上吹风，碧昂斯的歌声从天花板上的喇叭里传出，詹姆斯在给我拍照，他的手下站在周围，盯着我的一举一动。他们一会儿看看我，一会儿调整灯光，调整焦距。我只忙着跳舞，也顾不上难为情了。

詹姆斯打了个手势，忽然之间，一个壮汉来到我身边。他放下一个更大的苹果箱子，然后伸出手扶我走上那个箱子。我看向詹姆斯。他打个手势，示意将音乐声降低一会儿。接下来，他教我如何摆造型。

"向前一步。把脸扭过去一点点。现在，我希望你不要感觉僵硬，我也不希望你表现出很拘谨的样子。你感觉到脸上的热度了吗？我需要你保持那个热度一直在你的脸上。"

我点点头。

詹姆斯一指某个人，碧昂斯的声音再次响起，他拍了一张又一张，我则轻快地摆着造型，舞动着。《意乱情迷》《醉在爱里》和《操纵世界》

接连播放着。就在我摆造型、跳着舞的时候，我从苹果箱子这个较高的位置上看到了每个人。凯西站在那里和我一起跳舞，每个人的脸上都挂着笑，摄影棚里流动着一股能量。我抬起双手摆动着，将脸转向炽热的灯光。

"我站在我自己的高山上，头顶是我自己的太阳。"我心想。

想到此，我哈哈笑了起来，詹姆斯则向前走了几步，近距离拍摄我的笑脸。

詹姆斯和他周围的人也对我哈哈笑了起来，照相机不停地拍摄着，碧昂斯女王的歌声始终伴随着我们。

詹姆斯扫了一眼显示屏，笑了起来。

"你很漂亮！"他冲我喊道。

你很漂亮。

詹姆斯这话说得好像他早就料到了我很漂亮，他喊着说出了这句话，于是我决定不要反驳他，我决定相信他。詹姆斯显然是个聪明人，詹姆斯很清楚他在想什么。

"是呀。"我小声对我自己说，"我很漂亮。"

詹姆斯看着我。

"还可以再表现表现吗？"

我咧开嘴笑了。

"是的。"

詹姆斯立即举起相机，又开始移动，不停地拍了起来。

"就这样跳，不要停。"他命令道，"你肯定不相信我都看到了什么！"

于是我继续跳舞。我站在我的山上，站在我的阳光下，不停地跳舞，仿佛不跳的话，我就活不下去了。因为确实如此。

詹姆斯有一点说错了。当我后来看到照片的时候，我绝对相信我所看到的一切。我看到的那个女人或许是全新的，但我很了解她。我喜欢她，我喜欢现在的她，我喜欢未来的她。

我爱她。

凝视着那些照片，我知道，说"我可以"的一年为的是什么。为的是"爱"。

有爱就有了一切。

拿着罐头蔬菜的小女孩把食品室的门打开一道缝，透过门缝看到了阳光。她还看到一个美丽的女人沐浴在阳光下，穿着红色的裙子，脸上挂着灿烂的笑容。

她赞许那个女人，也很喜欢她。

曾经的我是谁，现在的我是谁。

是爱促成了这一切。

我已经等不及要看看，到了下一个感恩节，我会是什么样子。

不管我是怎样，我一定会很美丽。

因为，我或许很老，又喜欢虚构，但我一定是美丽的。

我会很幸福。

我理应得到幸福。

理应得到巧克力工厂。

永远在进步。

永远在跳舞。

永远站在阳光下。

我可以。

永远站在阳光下跳舞。

我可以。

我可以。

我真的可以。

感 谢
Acknowledgements

我得到了太多的帮助。无论是写这本书时，还是在写这本书之前的十八个月中，很多人在很多方面给予了我莫大的帮助。

任何言语都无法表达出我的感激之情。我只能说，我希望并且祈祷你们每一个人都能抓住一个苹果箱子，腰板挺直地立于太阳之下，看着铺展在你们面前的世界，发疯一般地摆出神奇女侠的造型。因为，你们每一个人都是真正的超级英雄。你们或许没有拯救全世界，却拯救了我的世界。

谢谢：

我的文学经纪人 ICM 的詹妮弗·乔尔，是她告诉我，应该把对一切说"我可以"的疯狂个人经历写成一本书，并且耐心地鼓励我，推动这一疯狂的脑力活动来到终点线。西蒙与舒斯特出版公司的马尔舒·鲁奇聘请我写一本关于为人母的书，后来我不想写这样的书，她便允许我写这本书。与她、詹妮弗一起工作，我感觉很快乐，开阔了心胸，有了很多改变。对我而言，这便是理想的工作。

我的电视经纪人 ICM 的克里斯·西尔伯曼，他一直都很支持我，

他并没有提醒我工作已经太多，孩子已经太多，所以不能再给自己增加
负担，他只是一直以来充当我的个人卫士。迈克尔 · 詹德乐拥有出色的
法律头脑，使得一切都变成了可能。PMK-BNC 的克里斯 · 迪罗瑞欧
依旧在永无休止地将我这块石头滚上山，而且不止一次想把我的脑袋装
进盒子里，或是用我的皮做件衣服。若是没有他，我根本连一分钟都不
可能出现在公众面前。

艾利 · 莱梅斯和薇拉 · 莱梅斯是我的父母。是他们将我带到这个
世间，他们塑造了我。他们一直引导我去讨论我的"未来计划"，为我
的抱负而鼓掌。我的父亲告诉我："成功路上的唯一障碍便是你自己的
想象。"如果有人说这句话不准确，我母亲就会出面，去跟人家理论。
他们是我的第一对卫士。每个孩子在成长过程中都应该得到这样的鼓励
和密不透风的保护。

总的来说，我的哥哥姐姐们都是很出色的人。我姐姐桑迪 · 贝利
是我认识的人中最有天赋、能力最强的人。她利用她的天赋和能力让我
的生活变得更美好，这样的她妙不可言。一经召唤，她就会来帮我照看
孩子，让我可以专心写作，这样的她令人敬畏。她会在她觉得我看不到
的时候奋力保护我，只要发现我有一点自私自利，就会嘲笑我，这样的
她堪称完美。我们俩小时候相伴成长，就算给我全世界，我也不会交换
这段经历。

这本书足以说明我为什么会感激我的姐姐多萝西，但你若只是通过
这本书来了解她，那不过是看到了冰山一角而已。如果我把她为我做的
每件事都说出来，那得好几本书才行。所以，我只能告诉你，我了解的
多萝西有些奇怪，有些奇妙，有些老派，有些乏味，有些滑稽，有些深情，
有些无私，有些惊人，当我对她说，她既是我的杀戮者，也是我的时间领主，
也只有她能明白这是多么深刻的称赞：她一直在守护我。

克里斯托弗 · 汤姆斯是我的异姓大哥。将他视为我的家人，是我
做过的最好的事。我们的生活或许改变了，但我们的卡西欧大街则永存。

　　我有三个孩子，她们是我的最爱。如果家里没有真正的帮手，我不可能管理珊达领地，也不可能写完这本书。如果我一个人苦苦支撑，那我们准会饿肚子，并且脏得邋里邋遢。为了取得我现在的成就，有一大群本领不凡的工作女性让我的房子变成了一个家。所以我要感谢米尔萨·罗斯、凯莉·契弗、乌拉·汉库克、卡西迪·布朗、泰勒·汤普森、卡里斯·布朗。我还要再说一遍：珍妮·麦卡锡是我的一切。这些女人救了我，在我写这本书的过程中，她们用出乎我意料的方式支持着我。

　　哈珀、艾默生和贝克特是最棒、最好、最特殊、最有天赋、最聪明、最漂亮的孩子，其他孩子都比不上她们。她们做的和说的都是完美的，就算不完美，在我眼里也是完美的。她们表现出的就是真实的样子，永远都在提醒我停下来玩游戏。

　　手稿每打印出一章，卡西迪·布朗就看一章，并且总是鼓励我。艾琳·坎希诺和艾莉森·易奎尔最早看了完整的手稿，并且原原本本地告诉我哪些地方有所不足。坦率的意见都是无价之宝，这三个女人勇敢地给了我真诚的建议，让我重燃对人性的信心。

　　艾比·钱伯斯听我一边打字一边把内容大声念出来，左拉、戈登和斯科特听我一边喝饮料一边大吐苦水。我那班神奇的助手——艾比、艾琳、伦泽和马特——让我保持清醒，奋勇向前。我最喜欢的司机麦克·雷诺兹很多次把车停在安静的小路上，并且拒绝透露我的位置，好让我坐在后座安静地写作。

　　无法用只言片语来描述贝西·比尔斯这个人。我需要写一本书，才能说得清她的很多出众之处。她、皮特·诺沃克、《实习医生格蕾》团队的每一个成员、《丑闻》团队的每一个成员、《逍遥法外》团队的每一个成员、珊达领地团队的每一个成员都才华横溢，怀有满腔热情，愉快喜悦。有了他们，我每天都愿意去工作。

　　珊达领地编剧部的编剧们给了我同志般的情谊、安慰、魔法、智慧、乐趣、烘焙食品、踢踏舞课、"那就是爱,琼"、急诊室故事的规则(若是有疑问,就去找吸血鬼好了)、小道消息、手工艺、战争故事、周二喝苏格兰威士忌、周五喝红酒、周一喝玛格丽塔鸡尾酒以及不可思议的创作策略。没有他们,我就铺不了铁轨。

琳达 · 罗伊选出了一个个适合的角色,让我的世界变得更美好,更有创造性。她发现并送到我面前的每一个角色都让我心存感激。我还要衷心感谢她将吴珊卓带进了我的团队。

在这本书的创作过程中,美国广播公司和美国广播公司制片厂的所有人都很亲切、可爱,支持我,他们一向都是如此。他们一直都把片场打造成极好的地方,可以称之为家。

有一次,我把一瓶水洒在了苹果笔记本电脑上,我联系了苹果公司的两个人,他们在电话中的声音能给人抚慰,是他们挽救了这份手稿,也使我免于跳海的噩运。谢谢你们,斯图亚特和詹森,不管你们身在何处。

德娜 · 阿什、凯西 · 海兰、沃琳 · 安托万是我的美丽团队。她们把我变得漂漂亮亮的,让我感觉自己漂漂亮亮。不只如此,她们打造出了一个更好的我,好到超出我的想象。我每天都对她们心存感激。记住了,我之所以是你现在看到的样子,完全是因为有三个人打扮我打扮了至少两个半钟头(这还不算采购衣饰、试衣服、裁剪衣服的时间)。我可不是一觉醒来就是这个样子的。

医学博士伊娃 · 柯伊娜救了我的命,并且成了我的朋友。她的果断、信任和鼓励对我而言一直都是无价的。我不知该如何表达我对她的谢意。

戈登 · 詹姆斯、左拉 · 玛莎里基和斯科特 · 布朗都是很出色的人。他们团结在我身边,教我对真正的友谊有了重新的定义。不评判,说实话,古道热肠的本性,让我们成为感情深厚、充满梦想的死党,我因此感觉天高海阔,无所限制。所有障碍都可以跨越,每一座高山都能征服。他们挂在我大脑墙壁上的画是最好的:埃德加敦的舞蹈课,电视室里的备用领结，苏荷馆的早午餐，周日带孩子聚会，给人启发的对话，揭露的真相，快乐，快乐，快乐……是多萝西鼓励我开始，但正是这三个人不让我半途而废。我们是一辈子的生死之交。

那时候，我告诉吴珊卓我要写这本书，还说我已经跨越了恐惧，敢说心里话了。她点点头，因为她晓得这对我而言意味着什么。但她还是显得有些糊涂。

"在说'我可以'的一年前，"她终于问出了心中的疑惑，"如果你太害怕了而不敢说，那你会怎么做？"

我盯着她看了很久。"珊卓，"我缓缓地说，"你都替我说了。"

吴珊卓眨眨眼。"噢，噢！噢，是呀，我的老天。"

我们总能带给对方惊喜，带给对方提示。吴珊卓和我一起创造了一个角色，而这永远地改变了我们的生活，至于有哪些方面改变了，我们仍在挖掘当中，仍在处理，仍在从中恢复过来。我想，我和吴珊卓永远都无法完全理解我们给彼此带来的影响。我们两个是一个虚构人物的两面，我们两个凑在一起，才能组成一段完整的经历。我很感谢她和我一起踏上这段征程，有时候过程很痛苦，有时候也能看到美丽的风景，却始终受益匪浅，因此得到了永恒的自由。

克里斯蒂娜让我拥有一颗勇敢的心。我感谢她出现在宇宙之中。

最后，我要感谢每一位看过并且喜欢我的电视剧的观众，即便你只看过一集，只看过一次。我感激你们。这表示至少有一次，我做了正确的事。

你必须去做你认为自己无法做到的事。

——埃莉诺·罗斯福

作者简介

　　珊达·莱梅斯广受好评,多次获奖,是热门电视剧《实习医生格蕾》《私人诊所》和《丑闻》的编剧兼执行制片人,她还是《逍遥法外》的执行导演。她参与创作的还有《公主日记2:皇室婚约》《十字路口》《飞跃星梦》。莱梅斯在达特茅斯学院获得了英国文学和创意写作专业学士学位、南加州大学电影学院的美术硕士学位,还获得了这两所院校颁发的荣誉博士学位。莱梅斯两次入选《时代》杂志百大最有影响力的人物,同时还当选《财富》杂志全球最有影响力的50名商界女性,《综艺》杂志评选的权力女性和《魅力》杂志评选的年度风云女性。2013年,莱梅斯被奥巴马总统委任为约翰·肯尼迪表演艺术中心的理事。

　　莱梅斯凭借《实习医生格蕾》,获得了美国制片人公会颁发的2007年电视制作人奖,2007年金球奖优秀电视剧奖,2007年露西奖之优秀电视电影女性制作人大奖,2006年作家协会最佳新电视剧奖,此外,她还获得了艾美奖最佳剧集和电视剧编剧提名。凭借《丑闻》,莱梅斯于2013年得到了颇具声望的皮博迪大奖。莱梅斯是2012年反歧视同志联盟金门奖得主,还获得了2010年防止在未来发生的强奸、虐待和乱伦全国网络希望奖,以及2010年和2011年电视学院荣誉奖。莱梅斯在2005年、2013年和2014年获得了美国电影学会年度最佳电视剧奖。此外,莱梅斯六度获得全国有色人种协进会杰出电视编剧影像奖,并且八次获得全国有色人种协进会最佳电视剧影像奖。

2014 年，莱梅斯和她的合作制作人贝西·比尔斯获得了久负盛名的美国导演公会多元化大奖。该组织仅颁发过五次这个大奖。莱梅斯获得了 2014 年哈佛大学颁发的杜博斯奖章，《好莱坞记者报》颁发的雪莉·兰辛领导奖，入选了《名利场》杂志评选的 2014 年最具影响力人物榜和《嘉人》评选的全美 50 大最具影响力的女性新卫队名单。2015 年，莱梅斯被美国编剧公会授予了帕迪·查耶弗斯基电视编剧成就桂冠奖，并且被全美广播事业者联盟列入了广播名人堂。女权多数基金会授予她埃莉诺·罗斯福全球妇女人权奖，以表彰她在改变媒体面貌中做出的贡献。

莱梅斯在伊利诺伊州芝加哥出生长大，现在居住在洛杉矶的珊达领地，这个地方既是真实的，又是一个只存在于想象中的幻境。她有三个女儿，是个骄傲的母亲。

后 记

超级天才珊达·莱梅斯在外要负责三部热门电视剧，在家要照顾三个孩子，所以，在收到始料不及的邀请之际，她有很多充分的理由予以拒绝。参加好莱坞的派对？不。做演讲？不。接受媒体采访？不。

对于珊达这样一个内向的人，拒绝是有附带好处的，那就是用不着担心新鲜事物。

后来，珊达的姐姐在珊达那看似安全幸福的生活中投下了一枚手榴弹："你这辈子就没说过'我可以'。"这句话在珊达的脑海里久久盘旋不去，推动着她向自己发起挑战：她要在一年里对任何事都说"我可以"。意料之外的邀请，"我可以"。害怕的事，"我可以"。珊达极不情愿地开始接受挑战，她在这一年里的辛苦经历让她实现了蜕变。在《试着说是》这本书中，珊达·莱梅斯提到，大声说"我可以"对她的生活的方方面面都产生了很大的影响，由此可见，大声说"我可以"，真的可以改变我们每一个人的生活。

问题和讨论主题

1. 珊达·莱梅斯一生都在"编造故事"，她很幸运，她喜欢编故事这份职业，她在这方面也很有天赋。那么，你觉得为什么对珊达而言，在这本书里把关于她的真实情况写出来，是一项挑战？

2. 珊达为什么决定在一年里对她害怕的事说"我可以"？你觉得她的选择是正确的吗？如果你是她，你会接受这一年的挑战吗？说说你的原因。

3. 把珊达从前在面对宣传和媒体采访时的经历（比如惊慌失措地参加电视评论家协会座谈会或接受奥普拉的采访），与她在说"我可以"的这一年中公开露面的经历进行对比，在达特茅斯学院发表毕业演讲为什么会成为转折点？

4. 珊达的幽默感对她在说"我可以"的一年中有何影响？幽默感对她有帮助，还是她把幽默感当成了盾牌？

5. 在说"我可以"这一年的开始，公关经理克里斯打电话给珊达，确保她不是在说大话，并且坚持让她参与宣传活动。有人支持为什么这么重要？这对珊达的成功和积极性有何影响？

6. 珊达从她创造出的电视剧角色（比如《实习医生格蕾》中的克里斯蒂娜·杨）身上都学到了什么？

7. 身为母亲的职责是如何改变珊达的优先选择的？这对她与其他职业母亲的关系有何影响？她对她们的看法因此发生了哪些改变？

8. 说"我可以"之后，珊达经常不在家，与孩子们的相处时间少了，用来睡觉的时间也少了。说"我可以"拒绝是如何使得钟摆恢复正常的？珊达的家人是如何帮助她稳扎稳打的？

9. 珊达写道，一定要不间断地说"我可以"，不受打扰地陪伴爱人，只有这样才能让我们幸福；要不接手机，不洗衣服，不让各种待办事项缠身。在你自己的生活里，你要怎么做，才能空出更多时间，在不受打扰的情况下把你的注意力投到所爱之人身上？

10. 大声说"我可以"是如何改变了珊达对食物的态度，以及她与她自己身体的关系的？

11. 珊达在她的电视剧中创造了多样化的角色（她自己则认为这很普通），往往被认为是这方面的先驱者，而珊达作为"第一，唯一和不同"，往往要面对很高的风险。这样的压力如何影响她以及她对说"我可以"的追求？你觉得她是否接受"先驱者"这个角色？说说你的原因。

12. 许多女性都受不了接受赞美，珊达写到了这样一段话，是她对这种情况的思考："当你反驳别人的赞美之际，就是在告诉他们说错了，是在告诉他们这纯属浪费时间。你是在质疑他们的品位和判断。"说"我可以"的经历是如何改变珊达对赞美别人和接受赞美的态度的？这对她的整体自信有何影响？

13. 虽然很困难（好吧，或许应该说是痛苦才对），但珊达意识到她不想结婚之后，从中学到了什么？如果你是她，你会怎么做？为什么？

14. 珊达写道，当她做一件事的时候，会非常认真，并且全力以赴。如果不受恐惧的制约，你会拿出什么样的态度做事情呢？